KB177131

몸이 나를 위로한다

Bodyfulness

몸이 나를 위로한다

Bodyfulness

남희경 지음

생각속의집

어떤 접촉과 응시는

살아갈 힘이 된다

몸은 엄마다!

이 책을 읽으면서 가장 먼저 떠오른 생각은 '몸이 곧 엄마구나!'였다. 몸은 정말 엄마 같은 존재이다. 생각해보라. 몸은 어떤 일이 있어도 늘 우리 곁에 있고, 항상 우리를 돌봐주고 있다. 우리가 몸에 대해 신경을 쓰지 않을 때조차 그렇다. 심지어 우리가 잠을 안 재우고, 해로운 음식을 주고, 잘 움직이지 않아도 몸은 자신의 비상 에너지까지 내어주며 우리를 위해 헌신한다. 그러나 우리는 그 고마움을 모른다. 너무나 당연한 것으로 받아들인다. 그 당연함이 계속되면 몸은 점점 무너지기 시작한다. 계속 무리를 하게 되고, 결국 여기저기 아프게 된다.

문제는 몸이 아플 때조차 우리는 몸에게 미안함을 느끼지 않는다는 사실이다. 오히려 몸을 원망한다. 할 일도 많은데 지금 왜 나를 힘들게 하느냐고 짜증을 낸다. 마치 모든 게 엄마 때문이라고 칭얼거리는 아이와 다를 게 없다. 그러나 그 순간조차 몸은 우리를 위해 나아지려고 애를 쓴다. 어찌 몸을 엄마 같은 존재라고 이야기하지 않을 수 있겠는가!

나 역시 오랜 시간 동안 몸을 홀대했다. 정신과 의사로 일하다 보니 늘 마음의 중요성만을 강조하며 살았다. 몸과 마음을 별개로 보았고, 몸은 마음의 부속기관 정도로밖에 여기지 않았다. 몸에 대한 경시는 몸에 대한 착취로 이어졌다. 기본적인 휴식, 영양, 수면조차 보장해주지 않고 많은 일을 시켰다. 그 결과는 '번 아웃'이었다. 2013년경이었다. 상담에 도저히 집중할 수 없었다. 쉬어도 회복이 되지 않았다. 이 상태로는 누군가를 돌볼 수 없다는 것을 인정할 수밖에 없었다. 결국 병원을 정리하고 반강제로 안식년을 갖게 되었다.

그 시간 동안 회복에 가장 도움이 되었던 것은 자연에서의 캠핑과 트레킹이었다. 자연에서 몸의 감각이 하나하나 깨어나자 활력이 솟아나기 시작했다. 처음으로 내 몸의 속도를 조절할 수 있었고, 지금 이 순간에 머무를 수 있었으며, 자연과 하나가 된 듯한 느낌에 빠졌다. 다행스럽게도 그 감각은 일상으로 복귀한 뒤에도 유지되었다. 덕분에 일상을 여행처럼 살았다. 이러한 몸의 깨어남은 치유의 패러다임까지 바꿔놓았다. 실내에서 언어를 통한 전통적인 상담방식에서 벗어나 몸을 통해 마음을 치유하고 활력을 되찾는 새로운 접근을 시작하게 되었다. 야외에서 걷기상담을 시작했고, 몸을 자각하는 프로그램들을 만들었다.

그 무렵에 저자가 진행하는 무용동작치료에 참여한 적이 있다. 그 워크숍은 몸을 자각하는 것은 물론 몸으로 자신을 표현하는 강렬한 시간이었다. 처음에는 머뭇거렸지만 얼마 지나지 않아 나도 모르게 정신 줄을 놓았다. 몸이 고삐 풀린 망아지처럼 움직였다. 사고와 판단의 과정을 거치지 않고 의식의 흐름이 바로 몸으로 표출되었다. 몸으로 하는 자유연상의 시간이었다고나 할까! 덕분에 내면의 다양한 리듬을 만날 수 있었다. 때로는 격렬하게 때로는 고요하게 다양한 속도와 강도로 나의 몸은 움직였다. 내 몸 안에 나비도 있고 뱀도 있고 원숭이도 있고 호랑이도 있었다.

그 기억은 머리가 아니라 몸에 저장되었다. 일상 활동 중에도 종종 리듬을 탔다. 길을 가다가 나비처럼 걷기도 하다가 때로는 호랑이처럼 달리기도 했다. 이 책을 읽으며 그 워크숍의 시간들이 몸으로 떠올랐다. 그렇다보니 눈으로만 책을 볼 수 없었다. 책을 읽으며 연신 몸을 쓰다듬고, 근육을 지그시 누르고, 호흡을 가다듬고, 나무가 되어 춤을 추기도 했다.

몸은 마음이 머무는 공간

이 책은 눈으로 읽는 게 아니라 온몸으로 읽어야 한다. 이 책의 부제는 '몸의 모성으로 나를 돌보는 12가지 몸챙김의 지혜'이다. 저자는 몸의 심리학에 대한 이론이나 지식을 전달하려는 게 아니다. 우리 안에 누구나 가지고 있지만 그 누구도 잘 활용하지 못하는 몸의 지혜를 직접 깨워주기 위해 이 책을 썼다는 게 느껴진다. 그동안 몸과 몸을 통해 작업한 치유와 성장의 체험들이 고스란히 담겨 있는 것은 말할 필요도 없다. 무엇보다 그 체험을 누구나 따라할 수 있도록 12가지 연습으로 빚어낸 그 정성이 대단하다. 따라해 보기를 권한다. 몸이 우리를 어떻게 위로해줄 수 있는지, 몸을 통해 어떻게 안정감을 느낄 수 있는지, 나아가 몸은 우리에게 어떻게 권위를 선사해주는지 느낄 수 있다. '필'이 온다면 꾸준히 연습해보자. 몸을 우리의 '쉼터'이자 '에너지 발전소'로 바꿀 수 있다. 엄마의 존재가 아이를 품어주고 세상으로 나아갈 힘을 주는 것처럼 몸은 우리에게 '엄마와 같은 안전기지'가 되어줄 수 있다. 상상해보라. 이 세상에 내가 마음 편히 머물 수 있는 공간이 내 몸이 될 수 있다면 얼마나 근사한 일인가. 그것이야말로 최고의 자기돌봄이다.

몸의 지혜를 만나본 적이 있을까? 몸의 지혜를 만나면 무엇보다 몸과의 관계가 새로워진다. 단지 몸과 마음이 연결되어 있다는 것을 넘어 몸이 마음의 바탕이며 삶의 근원임을 깨닫게 된다. 최근 심리학의 동향은 몸과 마음은 별개라는 이원론적 관점에서 벗어나 '몸은 확장된 마음'이라는 일원론적 관점이 점차 확산되고 있다. 물론 기존의 심리학에서도 몸과 마음이 연결되어 있다는 관점은 존재했다. 다만 이러한 입장은 여전히 몸과 마음을 별개로 보는데다가 늘 마음이 우선이었다. 즉, 마음이 어떻게 몸에 영향을 미치는지에 대해서만 관심이 컸다. 그렇기에 마음의 문제가 몸으로 드러나는 '신체화somatization'라는 말은 흔히 들을 수 있지만, 몸의 문제가 어떻게 마음으로 드러나는지에 대한 '심리화psychologization'라는 용어는 찾아보기 어려운 실정이다.

이 책은 몸이 신체적 건강은 물론 정신적 건강의 회복과 치유에서 얼마나 중요한 역할을 하는지를 보여줌으로써 이러한 심리학의 불균형을 바로 잡는 데 중요한 역할을 할 것이라 기대한다. 이제 몸의 위상은 재정립되어야 한다. 몸은 껍데기도 아니고, 마음의 하부기관도 아니다. 몸은 그 자체로 지혜를 가진 인격체이자 출생에서 죽을 때까지 우리와 함께 살아가는 삶의 동반자이다.

불확실한 순간마다 몸에 귀 기울이기를

코로나 팬데믹은 아직도 그 끝이 보이지 않는다. 코로나가 끝나면 우리는 이전으로 돌아갈 수 있을까? 코로나도 힘들지만 코로나 이후의 삶은 더 힘들어질 수밖에 없다. 변화의 속도는 더욱 가팔라지고 삶은 더욱 불확실해질 것이다. 계획하고 준비를 잘 하는 것으로 우리는 이 시대를 헤쳐갈 수 없다. 가장 중요한 것은 '지금-여기'에 집중할 수 있는 능력이다. 즉, 지금 이 순간에 어떤 일이 벌어지는지 잘 살펴보고, 어디로 나아갈지 파악하여 한 걸음씩 한 걸음씩 내딛는 것이 중요하다. 이는 생각 이전에 감각을 필요로 한다. 몸의 감각을 통해 현실과 자신의 상태를 파악하고 길을 만들어가야 한다. 그 좌표 역할을 해주는 것이 바로 우리의 몸이다.

머리로 자기를 이해하고 세상을 살아가면 늘 혼란스럽지만, 몸을 잘 느끼고 살아가면 삶은 보다 간결해진다. 내면의 나침반은 머리가 아니라 몸에 있기 때문이다. 그러므로 우리는 머리에서 벗어나 몸으로 돌아와야 한다. 자기존중, 고요한 마음, 좋은 관계, 행복한 삶 그리고 아름다운 영혼은 그 모든 게 자신의 몸에 기반을 두어야 한다. 몸을 배제하고서는 그 어떤 것에도 도달할 수 없다.

이 책을 통해 여러분의 몸이 깨어나기를 바란다. 이는 저자의 이야기처럼 복잡한 게 아니다. 잠시 멈추고 호흡과 심장박동을 느끼는 것, 감정에 따른 신체감각의 변화가 무엇인지 몸에 주의를 기울이는 것, 배가 고플 때 밥을 먹고 배가 부를 때 그만 먹는 것, 지금 어떤 자세로 앉아 있거나 걷고 있는지 알아차리는 것 등 순간순간 몸에 주의를 기울여보는 것이다. 그 순간, 몸과 마음은 연결된다. 이렇게 몸챙김bodyfulness이 이루어지면 마음챙김mindfulness이 이루어지고, 마음챙김mindfulness이 이루어지면 삶챙김lifefulness이 이루어진다. 이 책이 부디 독자 여러분의 머리만이 아니라 심장과 폐, 횡격막과 위장, 척추와 골반, 근육과 관절 등 온몸에 스며들기를 바란다.

문요한
정신건강의학과 전문의

엄마품이 당신을 위로합니다

감정을 삼키고 나면 늘 위가 아팠습니다. 오랫동안 나는 마음의 고통을 몸으로 표현하며 살아왔습니다. 마음이 아프다고 말할 수 없을 때, 몸이 대신 아팠던 겁니다. 고질병인 위장장애는 대체로 '감정소화불능증'이었습니다. 감정은 그렇게 몸으로 가장 먼저 출현합니다. 하지만 오랜 시간 몸을 소외시키고 살아온 탓에 그런 신호를 잘 알지 못했습니다. 그런 내 몸을 원망하고 홀대했으며, 심지어 혐오하기까지 했습니다. 몸과 마음, 통증과 고통이 깊이 연결되어 있다는 것을 그때는 몰랐습니다.

  고통의 근원은 엄마품의 상실에 있었습니다. 심리학 공부를 하면서 나에 대해 가장 먼저 발견한 것은 유감스럽게도 유년기 결핍이었습니다. 생애 초기 엄마품을 잃어버린 상처는 몸에 고스란히 새겨졌습니다. 감정의 수도꼭지를 틀어 잠그듯 고통을 느끼지 않으려고 모든 감각을 차단해온 방식은 나에게 익숙한 생존기제였습니다. 사랑의 결핍으로 나를 사랑하지 못하고, 매순간 치열하게 나 자신과 싸우면서 힘겹게 살아왔습니다. 물론 결핍이 삶에 고통만 안겨준 것은 아니었습니다. 결핍을 채우기 위해 고군분투하며 많은 것을 이뤄내기도 했습니다. 내 결핍의 역사를 깊이 들여다보면서 그 의미를 조금씩 이해하게 되었고, 누군가의 결핍도 공감할 수 있었습니다. 나는 결핍투성이였지만 결핍을 살아내고 살아남은 강인한 생존자이기도 합니다.

엄마품의 상실, 모든 아픔의 시작

지금껏 만나온 내담자들도 그랬습니다. 불안과 우울, 신경증의 근원은 결국 엄마품의 상실에 있었습니다. 엄마품은 모성의 상징입니다. 실제 엄마라기보다 돌봄과 양육을 제공하는 사랑의 실체를 의미합니다. 정신적 결핍, 즉 애정결핍은 본질적으로 모성 콤플렉스와 연결되어 있습니다. 생애 초기, 사랑은 접촉과 온기입니다. 먹이고, 입히고, 씻기고, 안아주고, 토닥여주는 모든 돌봄과 사랑은 따뜻한 피부접촉을 통해서 이뤄집니다. 그렇게 자신이 체험한 엄마품은 몸으로 새겨져 이후 자기 자신을 돌볼 수 있는 모성의 기능이 됩니다. 결국 치유도 그 잃어버린 엄마품으로 다시 돌아오는 것입니다. 마음의 고통에는 모성이 필요합니다. 고통을 넘어서려면 엄마품이 필요합니다. 누군가의 따스한 접촉과 응시는 불안한 마음을 진정시켜주고, 우울한 마음을 달래주며, 분노하는 마음을 견고하게 잡아주는 가장 강력한 위로가 됩니다. 상처와 고통으로 내몰린 삶의 끝에서 우리는 엄마품을 만나야 합니다. 몸으로 사랑받았던 기억이 있으면 어떤 상황에도 무너지지 않습니다. 아니, 무너지더라도 스스로를 위로하고 다시 일으켜 세울 수 있습니다. 이때 엄마품은 고통을 위로해주는 마음의 힘입니다. 마음이 아플 때, 몸이 위로해줄 수 있습니다.

이제 몸의 모성으로 돌아와야 합니다. 마음이 마음먹는다고 마음대로 되지 않을 때, 몸으로 다가가는 것이 묘책이 될 수 있습니다. 몸은 본래 마음이 살고 있는 집이기 때문입니다. 힘들 때, 정신은 몸을 떠납니다. 불안은 몸을 안절부절 못하게 만들고, 공포는 몸을 얼어붙게 만들며, 우울은 몸을 수렁에 빠트립니다. 떠난 마음을 만나고 회복하려면 몸으로 돌아와야 합니다. 그리고 몸을 먼저 돌봐야 합니다. 몸을 접촉하지 않고 정서를 만날 수는 없습니다. 몸에 저장된 상처와 얼어붙은 정서를 흔들어 깨우고, 뱉어내고 소화시키며, 또 녹여서 흘려보내야 합니다. 그렇게 비워내야 새로운 생각이 들어올 수 있고, 삶의 새로운 장으로 나아갈 수 있습니다.

심리치료는 상처 입은 내면아이를 돌보는 일입니다. 안전한 모성의 품을 만날 때, 잃어버린 아이의 본성은 회복될 수 있습니다. 이때 되살아난 아이다움, 즉 동심은 생명력이자 정신적 에너지이고,

창조성의 자원이 됩니다. 우리에게는 몸의 모성이 있습니다. 몸은 우리가 살아온 모든 역사를 담고 있는 실체이자 평생 함께 해온 동반자입니다. 돌이켜보면 삶의 위기마다 몸은 늘 신호를 보내주었고, 불확실한 순간 속에서 변화의 길을 안내해주었습니다. 몸의 모성은 나를 어떻게 사랑하고, 나 자신과 소통해야 하는지를 알려주었습니다.

몸의 모성으로 새로운 삶의 전환을

힘든 나를 어떻게 위로할 수 있을까요? 포스트 코로나 시대, 우리는 제대로 숨 쉬기조차 힘든 시간을 살고 있습니다. 이제 목청껏 노래를 부르거나 온기를 전하는 피부접촉은 위험한 일이 되어버렸습니다. 몸이 금기시되고 몸에 갇힌 시대를 살고 있는 우리들에게 몸의 모성이 새로운 삶의 전환점이 될 수 있습니다. 이 책은 결핍과 고통의 문턱을 넘어서고자 하는 내 자신의 내러티브에서 시작됩니다. 나만의 비밀이야기를 세상에 꺼내려고 하니 부끄러움이 앞섭니다. 자신을 위로하지 못하고 사랑하지 못하는 누군가에게, 고통 속에서 변화의 문턱을 넘고자 하는 누군가에게 공명할 수 있기를 바라면서 용기를 냈습니다.

이 책을 머리로만 읽지 않았으면 좋겠습니다. 책을 읽는 동안 내 호흡을 만나고, 내 피부경계를 감각하고, 내 근육의 긴장과 이완을 느껴보며, 내 심장의 리듬을 찾아볼 수 있기를 바랍니다. 내 몸을 3자적 관점의 '대상'으로 바라보는 게 아니라 1자적 관점의 '존재'로 느껴보기를 바랍니다.

이 책에 소개된 12가지 몸챙김bodyfulness의 지혜는 그동안 내 삶에 체험적 깨달음을 주었던 무용동작치료DMT의 기법과 다양한 소마틱스Somatics 교육에서 나온 것들입니다. 피부로 와 닿는 깨달음만이 삶에 변화를 가져올 수 있습니다. 정서적 체험과 이성적 인식이 동시에 일어날 때, 그 체험적 깨달음은 나를 변화시키는 힘이 됩니다. 몸챙김 지혜의 핵심 주제는 몸의 '감각'과 '리듬'입니다. '나'인척 그럭저럭 사는 게 아니라 '나'라는 감각과 리듬을 생생하게 느끼며 살아가야 합니다. 우리가 온전하게 살아가기 위해서는 내 몸의 좌표, 내 몸의 경계, 내 몸의 즐거움, 내 몸의 권위, 그리고 내 몸의 리듬을 알아야 합니다. 이 여정은 몸의 모성으로 돌아오는 것에서 시작합니다. 자신의 몸을 새롭게 만나는 몸의 여정에 이 책이 작은 도움이 되기를 바랍니다.

그동안 단단한 자기 껍질을 깨고 세상으로 나올 수 있게 도움의 손길을 내어준 수많은 얼굴들이 떠오릅니다. 내 모성결핍을 채워준 분석가들, 내 안의 지성을 일깨워준 스승들, 인적이 드문 길을 소명으로 여기고 함께 걸어와준 동료 무용동작치료사들, 다정한 내 오랜 친구들에게 깊이 감사드립니다. 무엇보다 몸의 내밀한 경험을 글로 풀어낼 수 있도록 안내해준 성미옥 대표님께 감사드립니다.

몸의 언어를 글로 옮길 수 있는 샘물이 내 안에 있다는 것을 발견해주고, 끝까지 믿고 기다려주신 덕분에 이 책이 세상의 빛을 보게 되었습니다. 그리고 고통의 소명을 찾아서 몸의 모성을 탐구해가는 길을 함께 해준 모든 내담자들에게 이 책을 바칩니다. 그들은 진정한 나의 영웅이자 스승입니다.

마지막으로 아름다운 노년기를 몸으로 직접 가르쳐주시는 엄마 김정숙 여사, 하늘의 별이 되어 지켜주고 계신 아버지, 아낌없는 사랑을 주신 문경 부모님, 나에게 모성과 아이를 되찾게 해준 태훈 씨와 우리 수안이에게 사랑한다고 말하고 싶습니다.

2021년 가을 문턱에서

남희경

차 례 ●

Bodyfulness

1

엄마품은
가장 안전한 심리적 보호막이다

~~~~~~~~~~~~~~~~~~~~~~~~~

빼앗긴 몸

상처의 회복은

허끝에서 나오는 말이 아니라

내 몸의 피부로 와 닿을 때 일어난다.

엄마품을 빼앗긴 아이

그날 밤, 아이는 통곡했다. 당장이라도 죽을 것처럼 몸부림치며 울어댔지만 끝내 엄마품에 도달할 수 없었다. 70년대 경상도에서 장남의 첫 아들이 태어났고, 세 살배기 아이는 누나가 되었다. 그리고 동생에게 엄마품을 송두리째 내주어야 했다. 동생이 태어난 지 얼마나 지난밤인지 알 수 없었다. 그날 밤, 아이는 동생을 품고 있는 엄마를 향해 필사적으로 달려갔다. 눈물범벅 땀범벅이 되어 "엄마"를 외치며 뛰쳐나가는 아이를 할머니가 온몸으로 붙잡았다. 결국 아이는 엄마품으로 대체될 수 없는 다른 존재의 품에 갇혔고, 그로 인해 들끓는 분노와 억울함은 자신의 몸에 가둬버렸다. 폭발적인 울음은 어느새 서러움과 상실의 슬픔으로 사그라졌다. 엄마품에 안기지 못한 무력감은 그렇게 아이의 몸에 새겨졌다.

이것은 내 결핍에 관한 초기 기억이다. 어쩌면 내 의식의 기억이라기보다는 엄마의 기억으로부터 재생된 이야기일지 모른다(모든 기억은 각색되기 마련이다). 중요한 건, 아득히 먼 옛날의 기억이지만 지금도 생생하게 감각되어 올라오는 몸의 기억이다.

이 기억을 떠올리면 코끝이 찡해지면서 가슴이 먹먹해지고 눈시울이 뜨거워진다. 심리학자 알프레드 아들러는 최초의 기억이 자신이 선택한 직업과 깊이 연결되어 있다고 말했다. 아들러의 첫 기억은 자신이 병에 걸려 누워 있었을 때, 침대 맡에서 아버지와 의사가 자신의 죽음을 말하고 있는 장면이었다. 그리고 훗날 그는 의사가 되었다. 내 최초의 기억도 심리치료사의 길에 입문할 수밖에 없었던 내 숙명을 말해주는 것 같다. 나는 늘 엄마품을 그리워하는 아이였다. 이는 생애 초기 몸으로 새겨진 결핍이었고, 그 몸의 기억을 바꾸기 위해 나는 신체심리치료사의 길을 선택하게 되었다.

유전은 계획하고 양육은 결정한다

엄마품을 빼앗긴 아이, 내 생애 첫 애착관계는 이렇게 각인되었다. 이 관계의 원형은 평생을 따라다니면서 친밀한 관계 안에서 무수히 반복되었다. 누군가를 좋아하거나 조금씩 가까워지기 시작하면, 나는 상대에게 찰떡같이 붙어버렸고 마음 한구석에는 불안이 늘 그림자처럼 따라왔다. 엄마품을 무참하게 잃어버렸던 '그때의 아이'처럼 지금의 사람도 나를 떠나버릴지 모른다는 불안감 때문이었다.

몸이 나를 위로한다

자신이 버려질지 모른다는 유기불안은 좋아하는 마음이 커질수록 상대에게 더욱 집착하게 만들었다. 그래서 늘 상대의 기분을 먼저 살피느라 내 감정이나 욕구는 무시되기 일쑤였다. 관계에서 나 자신은 마치 존재하지 않는 것처럼 외면되었고, 그럴수록 나 자신은 점점 더 잊혀져갔다. 나는 사랑이 다가와도 불안했고, 사랑의 한가운데 있어도 불안했으며, 사랑이 멀어져갈 기미가 보이면 그 불안은 더욱 증폭되었다. 그때의 나는 왜 그토록 불안했던 걸까?

유년기는 인생의 봄날이다. 봄은 응축되어 있던 생명 에너지가 폭풍 성장을 이루는 때다. 바로 이 시기의 양육환경은 한 사람의 성격 형성에도 결정적인 영향을 미친다. 성격이란 두 가지 요소, 즉 유전 nature과 양육nurture의 상호작용으로 만들어진다. 유전은 계획하고 양육은 결정한다. 유전이 씨앗이고 기질적 특성이라면, 양육은 밭이자 환경이라 할 수 있다. 아이가 건강하게 성장하기 위해서는 유전과 양육 두 가지 모두 중요하다.

아이의 타고난 기질은 부모의 양육 행동에도 지대한 영향을 미친다. 그런데 기질적 특성을 인간의 의지나 노력으로 바꿀 수는 없다. 여기서 우리가 어떻게 노력해볼 수 있는 것은 기질에 적합한 양육을 제공하는 일이다. 따라서 초기 양육환경에서 중요한 것이 바로 '엄마품'이다. 엄마품은 아이 성격의 기본 틀을 만들고, 이후 아이는 그 틀을 반복하거나 변형시켜가면서 성장해간다.

엄마품은 아이의 심리적 보호막

"도대체 내가 뭘 잘못했다고 우리아이에게 이런 일이 일어나는 걸까요? 저는 지금껏 아이를 위해 모든 걸 다해왔어요…."

초등학생 아들의 따돌림 문제로 심리 상담을 받기 시작한 엄마가 크게 한숨을 내쉬면서 토로했다. 태어날 때부터 피부질환을 가진 아들을 위해 엄마는 청결하고 안전한 환경을 만드느라 온갖 노력을 다해왔다. 늘 빈틈없이 쓸고, 닦고, 빨고, 식재료도 완벽하게 관리했다. 엄마의 신경은 온통 유해한 것을 감지하면서 아이를 보호하는 일에만 몰두해 있었다. 엄마는 늘 불안했다. 그렇게 외부의 위험을 방어하느라 엄마의 에너지는 완전히 소진되어 있었다.

하지만 아이 입장에서 엄마가 제공한 정서적 환경은 비루했다. 엄마와 아들 사이에는 수많은 규칙들만 있었을 뿐, 정작 중요한 무엇이 빠져 있었다. 먹으면 되는 것과 안 되는 것, 할 수 있는 것과 할 수 없는 것, 이처럼 엄격하게 통제하고 관리하는 것만이 엄마와 아들 사이를 채우고 있었다.

그래서일까. 엄마와 아들 사이에 편안한 눈 맞춤이나 정서적 교감은 거의 일어나지 않았다. '불안한 엄마'는 아들의 정서를 제대로 살필 수가 없었다. 이렇게 정서적으로 아무것도 일어나지 않는 진공상태에서 자란 아들은 자신의 정서를 느낄 수도 없었고, 배울 수도 없었다. 엄마품을 잃어버린 아들은 관계에서 자신을 방어하기 위해 기계적인 태도나 공격적인 태도로 일관했다. 친구들 사이에서도 매번

몸이 나를 위로한다

문제를 일으켜서 아들이 가해자나 피해자로 지목될 때마다 엄마는 학교에 불려가야 했다.

엄마는 그저 열심히 살아가는 평범한 엄마였다. 하지만 너무 애쓰기만 한 것이 문제였다. 엄마 자신을 홀대하고, 주어진 과업을 위해 쉬지 않고 달리기만 했다. 엄마의 관심은 온통 외부로만 향해 있었고, 그런 엄마가 제공한 모든 것이 아들에게는 과잉이었다. 정서적으로 불안한 엄마의 목소리 톤은 유난히 크고 높았으나 가라앉기 일쑤였고, 말투는 빨랐으나 끝이 흐렸고, 움직임은 급작스럽게 일어났다가도 이내 힘이 빠져버렸다. 그런데도 불안한 엄마는 그런 자신을 감각할 수 없었다. 상담자가 하는 모든 말을 받아 적을 준비는 되어 있어도 정작 자신의 호흡은 느끼지 못했고, 자신의 감정과도 접촉이 일어나지 않았다. 몸으로 감지되는 뭔지 모를 느낌은 그저 불편할 뿐이었다.

사실 엄마 입장에서 그 모든 노력은 자신의 불안을 해소하기 위한 대처였을 뿐이었다. 그것은 아들이 원하는 정서적 접촉은 아니었다. 아이와 엄마 사이에는 수단적 접촉만 존재했을 뿐, 정서교감을 위한 표현적 접촉은 거의 부재했다. 아들 입장에서 그동안 엄마가 제공해온 과잉은 또 다른 결핍이었다. 바로 **엄마품의 결핍**이었다.

접촉이 없으면 돌봄도 사랑도 없다

몸은 타인과 의미 있는 의사소통을 하는 최초의 장소이자 수단이다.

촉감은 가장 원초적인 사회적 연결도구이다. 생애 초기, 아기는 피부를 통해 촉각적으로 엄마를 가장 먼저 만난다. 엄마의 스킨십으로 아기는 자기 몸을 느끼고 감각한다. 그래서 촉각은 가장 먼저 배우는 말이다. 세상에 태어나 마치 언어를 배우듯 엄마와 접촉을 통해서 아이는 신체의 언어를 배운다. 정신분석가 디디에 앙지외는 "자아는 피부이며, 우리는 누군가 자신의 피부를 만지는 것을 느끼고, 내가 누군가의 피부를 만짐으로써 처음 자신을 발견한다"고 했다. 이때 피부는 **심리적 싸개**envelope의 은유이다.

엄마와의 피부접촉은 아기에게 심리적 보호막이 된다. 아기는 엄마품에 안겼을 때 따스함과 평온함을 느낄 수 있다. 엄마품이라는 심리적 싸개가 있을 때, 아기는 자신을 안전하게 감각하면서 마음껏 놀 수 있고, 아기의 생체리듬은 생생하게 살아 있다. 배고프면 젖 달라고 외치고, 졸리거나 불편하면 달래주는 손길을 요구하고, 깨어나면 놀아달라고 졸라댄다. '아프지 않은' 엄마는 빨려고 하는 아기 입에 젖을 물려주고, 목욕을 시켜주고, 기저귀를 갈아주고, 불편한 아기 등을 토닥이거나 부드럽게 쓰다듬어주며, 흥분한 아기와 눈을 맞추고 몸을 흔들면서 교감한다. 이 모든 과정에는 반드시 피부접촉이 필요하다. 따라서 접촉이 없다면 돌봄도 없고, 사랑도 없는 것이다.

이렇듯 생애 초기, 엄마품은 아기의 피부를 감싸주는 것이고, 아기의 몸을 흔들어주는 것이며, 아기에게 온기를 주는 것이다. 따라서 이 시기 사랑은 결코 관념적일 수 없다. 사랑은 누군가의 접촉과 온기, 그리고 시선이다.

 엄마와의 정서적 진공상태에서 자신의 심리적 싸개를 충분히 감각할 수 없었던 아들은 외부 자극에 예민하게 대응할 수밖에 없었다. 아들의 얇은 피부경계는 본능적으로 엄마의 과도한 보호와 통제를 불러일으켰다. 앙지외는 심리적 싸개가 취약하면 스스로 피부를 두껍게 만들거나 근육을 과도하게 키우고, 혹은 지방을 두껍게 쌓아서 자기 감각을 차단한다고 말했다. 두터운 피부와 무딘 감각은 보호의 기능을 하지만, 자기 자신과 혹은 타인과 교감할 수 없게 만든다. 이런 경계에 대한 과민함과 둔감함은 모두 자신에게 주어진 양육환경에서 살아남기 위한 몸의 생존방식이다. 둘 다 심리적 경계에 대한 감각의 결여를 의미하는데, 한쪽은 경계에 대한 감각이 너무 열려 있고, 다른 한쪽은 완전히 차단되어 있는 상태이다.

충족과 결핍 사이, 마음은 성장한다

생애 첫 번째 중요한 발달과업은 바로 자신의 감각을 신뢰하는 것이다. 자신의 감각을 신뢰할 수 있으려면 자기 몸을 가지고 충분히 놀아보는 감각적 체험이 필요하다. 쾌감을 탐닉하면서 자기 몸을 충분히 탐색해나갈 때 자기 감각에 대해 알아갈 수 있다. 이러한 몸놀이를 통해 아이는 자연스럽게 정서적 흥분과 이완을 조절하는 능력을 체득해갈 수 있다. 즉 피부로 느끼고 근육으로 감각하면서 자기만의 생체리듬을 배워간다. 그런데 이 모든 과정은 안전하고 믿을 만한

'엄마품'이 있을 때 가능한 것이다.

생애 초기, 아이에게 심리적 외상이란 신체접촉의 과도함이나 결핍을 의미한다. 따뜻하고 부드러운 신체접촉이 결핍되거나 갑자기 박탈당하는 경우, 혹은 아이가 감당하기에는 너무 지나친 신체접촉 사이를 갑작스럽게 반복하는 경우다. 이러한 혼란스러운 접촉은 아이의 정서발달에도 혼란을 초래한다. 지나치게 관심을 기울이다가 이내 무관심으로 돌아서기를 반복하는 엄마품에서 아이는 자신의 감각에 집중할 수 없기 때문이다.

불안하고 혼란스러운 정서적 환경에서 아이는 자신을 보호하기 위해 엄마의 신호를 살피고 대응하는 데 온 신경을 집중하게 된다. 엄마 환경에 순응하거나 때로는 저항하기 위해 자신의 감각을 차단하는 것이다. 이렇게 수용 받지 못한 감각은 아이의 의식에서 밀려나 드러나지 않고 감춰진다. 그러다 일상에서 예기치 않은 순간에 그 숨겨진 감각들이 불쑥 튀어나온다. 타인의 말이나 눈빛, 행동 등 이런 외부 자극을 받으면 자신도 모르게 강렬한 정동affect의 힘을 갖고 올라오는 경우가 바로 그렇다. 이처럼 언어화되지 못한 자기 감각과 감정은 자신도 모르게 신체화나 행동화로 드러나게 된다.

그렇다고 건강한 엄마품이 반드시 충족만을 의미하지는 않는다. 엄마의 과도한 충족은 아이에게 오히려 무력감을 야기할 수 있다. **성장을 위해서는 결핍도 필요하다.** 결핍이 있을 때 내적 동기가 일어나고, 좌절을 견디면서 마음의 내성도 키울 수 있기 때문이다. 충족과 결핍 사이에도 적정선이 있다. 적정한 피부접촉이 적절한 심리적 경계를 만드는 것처럼, 적절한 결핍이 주는 좌절을 견디면서 피부의 두께도 자라고 근육의 강도도 자란다.

그렇다면 적절한 엄마품은 어느 정도일까? 충족과 결핍 사이, 그 경계에서 아이는 성장한다. 33.3퍼센트에 성장의 답이 있다. 이때 충족은 완벽한 충족이 아니라 온전한 충족이다. 열 번 중 세 번 정도 온전하게 교감할 수 있다면 충분하다. 중요한 건 누구에게 적절한가이다. 적절한 접촉의 양과 질은 아이의 감각에 따른 것이지, 엄마의 기분이나 욕망에 따른 것이 아니다. 아무리 좋은 의도라 할지라도 아이의 감각이나 기분을 무시한 일방적인 접촉이라면 그것도 침범이 될 수 있다. 물론 평범한 엄마도 심한 갈등을 겪고 있거나 자기감정에 빠져 있을 경우, 아이 정서에 조율하는 데 실패할 수 있다. 그 실패는 자연스럽게 일어나지만 실패가 빈번하게 혹은 지속적으로 일어난다면 아이는 자신의 감정을 감각하고 조절하는 자신의 리듬을 발견하지 못하게 된다.

말이 아니라 어떤 손길과 온기

엄마품은 곧 모성이다. 아이에게 모성을 전해주려면 엄마 자신에게 먼저 모성이 있어야 한다. 엄마 자신의 정서를 만나지 못하면서 아이의 정서를 만나줄 수는 없다. 아이보다 우선해서 돌봐야 할 사람은 바로 엄마 자신이다. 과도한 불안 때문에 경직된 엄마는 아이를 안정적으로 돌보지 못한다. 아이를 품어주는 엄마품이 안정적일 때, 그 품에 안기는 아이의 생체리듬도 안정을 찾게 된다. 따라서 엄마 자신의 정서적 리듬을 먼저 회복하는 것이 무엇보다 중요하다. 그것이 불안하고 불규칙한 정서적 리듬의 대물림을 끊는 시작이다.

누구에게나 모성은 필요하다. 모성은 요람에서 무덤까지 우리에게 필요한 심리적 안식처가 되어준다. 상처 입은 마음은 심리적 은신처가 있을 때 보호받을 수 있고, 그 안에서 스스로 회복할 수 있다. 두려움과 혼란에 빠져 있는 사람에게도 모성이 필요하고, 좌절과 시련을 겪고 있는 사람에게도 모성이 필요하다. 외롭고 고독한 사람에게도 모성이 필요하다.

상실로 마음이 힘든 사람에게 절실하게 필요한 것은 관념적인 말이 아니라 모성적 접촉, 즉 누군가의 손길과 온기, 그리고 눈빛이다. 이처럼 우리를 치유하는 모성은 몸에서 나온다. 본래 고통을 진정시켜주는 가장 자연스러운 방법은 접촉하고 달래주는 손길을 느끼는 것이다. 우리가 고통 속에 있을 때, 열 마디의 말보다 따뜻한 터치와 침묵 속 응시가 더 진한 위로와 치유이다. 상처의 회복은 혀끝의 말이 아니라 내 몸의 피부로 와 닿을 때 일어난다.

몸의 모성, 나를 돌보는 힘

유년기, 잃어버린 엄마품을 어떻게 회복할 수 있을까. 우리는 다시 그 시절로 되돌아갈 수 없지만, 지금 나에게 잃어버린 엄마품을 만들어줄 수는 있다. 불안하고 긴장하는 나, 외롭고 슬픈 나, 좌절하고 분노하는 나에게 내가 엄마가 되어 위로해주는 것이다. 그것은 자신에게 모성적 접촉과 온기를 제공해주는 것에서 시작할 수 있다. 접촉은 타인뿐만 아니라 자기 자신을 가장 깊숙이 느낄 수 있는 소통 방식이다.

인간은 모성의 안전기지에 있을 때, 가장 깊은 안정감과 조화로움을 느낄 수 있다. 마음이 마음대로 되지 않을 때, 일단 몸으로 돌아와서 몸에서부터 돌봄과 회복을 시작할 수 있다. 우리에게 본래 있었던 것은 바로 '몸'이었다. 따라서 분리된 정신을 몸으로 안전하게 돌아오도록 하는 것은 나의 모성을 되찾는 일이기도 하다.

몸의 모성은 자신의 피부경계를 다정하게 접촉하고 온기를 주는 것이다. 그것은 자신의 호흡을 회복하면서 근육의 긴장이 느슨하게 풀어지는 체험 그 자체가 될 수 있다. 그 순간, 나는 나에게 엄마가 되어주고, 불안한 나를 달래줄 수 있다. 마음의 변화는 몸을 통해서 몸 안에서 실현되는 것이다. 내 몸의 모성으로 돌아올 수 있다면, 그 어떤 외부 상황에서도 나의 평화를 뺏기지 않을 수 있다.

몸챙김 연습

심리적 싸개 만들기

엄마가 아기를 안아주듯
두 손으로 자신을 감싸 안아주면
그 몸의 온기가 마음에도 전해진다.

불안 각성이 치솟아 오르거나 기분이 한없이 가라앉을 때, 나에게 모성적 접촉과 온기를 건네줄 수 있다. 자신을 향한 피부접촉은 위로와 보살핌의 손길이자, 심리적 싸개가 될 수 있다. 감정의 파도가 휘몰아치거나 감정의 화산이 폭발할 때, 그 혼돈에 바로 접근하는 것은 위험할 수 있다. 이럴 때는 압도하는 감정에 접촉하기보다 몸의 감각으로 다가가는 것이 훨씬 더 효율적이며 안전하다. 이때 자신에게 제공하는 피부접촉은 과도한 흥분을 잠재우면서 신경계의 조절시스템 회복을 돕는다. 이는 교감신경계의 각성상태를 부교감신경계의 이완상태로 바꾸는 안정화를 위한 신체활동이다. 자신에게 모성의 품을 만들어주는 두 가지 자기-접촉 방법을 제안해본다. 이 두 방법은 일상에서 자신의 불안정한 정서를 다루는 처방으로 사용할 수 있다. 이 방법을 몸으로 새겨질 때까지 반복적으로 사용해보는 것이 중요하다.

첫째, 나를 위한 스킨십, 즉 나에게 제공하는 모성적 피부접촉이다. 불안한 감정이나 혼란스러운 생각에 초점을 맞추지 않고, 접촉하는 손과 접촉을 받는 몸의 감각에 집중하면서 스스로를 진정시킬 수 있다. 모성적 접촉에는 부드러운 감촉, 따뜻한 온도, 견고한 압력이 필요하다. 내가 나에게 다정한 스킨십을 제공할 때, 그것을 감각하는 나를 느낄 수 있고, 이는 모성적 돌봄을 제공받는 감각 체험이 될 수 있다. 그리고 감각으로 돌아오는 그 순간, 안도감을 느낄 수 있다. 만약 교감 각성이 과도하게 항진되어 있을 때는 조금 더 압력을 가하여 더욱 깊숙이 접촉하고, 자신의 몸을 바닥으로 좀 더 굳건하게 안착시켜야 한다. 계속 자신의 몸을 감각하면서 압력을 조절함으로써 조절 감각을 키워나갈 수 있다.

둘째, 나에게 온기 주기이다. 나비-허그butterfly hug로 부르는데, 이는 코로나 심리방역의 활동으로 소개되기도 했다. 나비-허그는 양손으로 자신을 끌어안고 토닥일 때, 양손이 마치 나비의 날갯짓과 같은 이미지를 갖는다. 나에게 온기주기의 핵심은 감각 체험을 알아차리는 것이다. 이는 자신을 안아주는 모성적 태도와 그것을 제공받는 감각을 동시에 느껴보는 것이다. 마치 불안한 아기를 자신의 품으로 꼬옥 안아주는 것처럼, 고통을 겪고 있는 사람을 자신의 품으로 꼬옥 안아주는 것처럼 자신을 안아준다. 안아주는 자신을 토닥여주거나 흔들어줄 수도 있다. 안아주기의 완성은 안아주기의 온기를 제공받는 몸의 감각을 충분히 느끼면서 온전하게 받아들이는 것이다.

1. 나를 위한 스킨십 :
자기-접촉self-touch

❶ 편안하게 자리를 잡고 앉는다. 먼저 자신의 두 발이 바닥에 닿는 느낌, 그리고 좌우 좌골(엉덩이뼈)이 의자에 균등하게 닿는 접지감각을 확인한다. 호흡을 바라보고, 자신의 호흡을 그냥 알아차린다.

❷ 두 손으로 자신의 머리(두개골)를 감싸서 안아본다. 마치 소중한 무언가를 손으로 감싸는 느낌으로 한 손은 이마 위쪽에, 다른 손은 목 뒤쪽에 위치하도록 한다. 다정하면서도 견고하게 접촉해본다. 먼저 내 손으로 내 머리를 감각해본다. 머리가 뜨거운지 혹은 따뜻한지, 촉촉하게 혹은 거칠게 느껴지는지, 딱딱하게 혹은 말랑말랑하게 느껴지는지 등 판단은 보류하고 느껴지는 그대로 감각해보고 알아차려본다. 이번에

는 내 머리로 내 손을 감각해본다. 손이 차갑게 혹은 따뜻하게 느껴지는지, 크기는 어떤지, 촉감은 어떤지, 강도는 어떻게 느껴지는지, 어떤 이미지가 떠오르는지 알아차려본다.

❸ 이번에는 두 손으로 자신의 양팔을 교차하여 감싸 안아본다. 마치 사랑스런 아기를 꼬옥 안아주는 느낌으로 자신을 안아준다. 이때 접촉하는 압력은 자신의 피부와 근육을 느낄 수 있을 만큼 힘을 가한다. 충만한 느낌으로 조금 더 힘껏 안아본다. 먼저 내 손으로 감싸 안고 있는 양팔의 근육과 뼈를 감각해본다. 부드럽게 느껴지는지 혹은 거칠게 느껴지는지, 흐물흐물하게 느껴지는지 혹은 단단하게 느껴지는지, 어떤 것이든 느껴지는 그대로 감각을 바라본다. 이번에는 내 팔은 내 손을 어떻게 감각하고 있는지 알아차려본다. 나를 안아주고 있는 손이 어떤 느낌인지, 온도는 어떤지, 촉감은 어떤지, 강도는 어떤지, 어떤 이미지가 떠오르는지 그대로 알아차려본다.

❹ 이번에는 두 손으로 자신의 몸통을 감싸 안아본다. 한 손은 심장 위에, 다른 손은 배꼽 위에 얹어서 살짝 압력을 가하여 눌러본다. 보살핌의 손길로 자신을 포근하게 안아주듯 손에 힘을 조절해가면서 눌러본다. 내 손으로 나의 심장박동 혹은 호흡의 움직임을 세심하게 감각해본다. 들숨과 날숨 혹은 각성과 이완, 확장과 수렴의 리듬이 어떻게 흘러가는지 손으로 감각해본다. 속도가 어떤지, 강도는 어떤지, 어떤 이

미지가 떠오르는지 그대로 알아차려본다. 이제 나의 주의를 내 심장과 배꼽으로 가져와서 안아주는 손을 감각해본다. 나를 안아주고 있는 손이 어떻게 느껴지는지, 어떤 이미지가 떠오르는지 그대로 알아차려본다.

❺ 마지막으로 두 손을 풀어서 무릎 위에 편안하게 올려놓고, 다시 발바닥과 좌골의 접지감각으로 돌아온다. 호흡을 바라보고, 안아주는 손과 안겨 있는 몸의 감각이 어떻게 남아 있는지 확인해본다.

2. 나에게 온기 주기 :
자기-안아주기self-hug

❶ 편안하게 자리를 잡고 앉는다. 먼저 자신의 두 발이 바닥에 닿는 느낌, 그리고 좌우 좌골(엉덩이뼈)이 의자에 균등하게 닿는 접지감각을 확인한다. 호흡을 바라보고, 자신의 호흡을 그냥 알아차린다.

❷ 두 손을 교차하여 가슴 위에 올린다. 호흡을 깊게 내쉬면서 조금 더 무거운 손으로 자신의 가슴에 좀 더 깊이 접촉한다. 내 손으로 가슴을 감각해본다. 그리고 내 가슴으로 손을 감각해본다. 안아주고 있는 손이 어떻게 느껴지는지, 안겨 있는 가슴이 어떻게 느껴지는지 자각해본다. 그리고 자신의 호흡을 바라본다.

❸ 이번에는 양손으로 내 가슴을 천천히 토닥여준다. 마치 불안해하는 아이를 토닥여주는 느낌으로 자신의 가슴을 토닥이면서 자신을 위로해주는 느낌과 위로받는 느낌을 충분히 감각해본다. 토닥토닥 리듬의 속도를 약간씩 바꿔볼 수 있고, 토닥토닥 리듬의 압력을 조금씩 바꿔볼 수도 있다. 리듬이 달라질 때, 몸의 감각이나 감정이 어떻게 달라지는지 자각해본다. 자신에게 가장 적당한 토닥이는 리듬을 찾아본다. 이때 호흡을 바라본다.

❹ 이번에는 몸통을 부드럽게 좌우로 조금씩 흔들어본다. 좌우 좌골(엉덩이뼈)의 무게중심을 이동하면서 배꼽으로 포물선을 그리듯이 옆으로 흔들어본다. 마치 울고 있는 아이를 흔들어주는 엄마처럼 자신을 흔들어주면서 자신의 마음을 달래주고 진정시켜준다. 자신을 달래주는 느낌과 자신을 진정시키는 품 안에 있는 느낌을 동시에 느껴본다. 자신에게 가장 적당한 흔드는 리듬을 찾아본다. 이때 호흡을 알아차린다.

❺ 마지막으로 두 손을 풀어서 무릎 위에 편안하게 올려놓고, 다시 발바닥과 좌골의 접지감각으로 돌아온다. 호흡을 바라보고, 안아주는 손과 안겨 있는 몸의 감각이 어떻게 남아 있는지 확인해본다. 자신이 체험한 접촉과 온기를, 모성의 심상을 그림이나 한 장의 글쓰기로 표현해보고 담아본다.

Bodyfulness

2

내 몸으로 살아갈 권리를 되찾다

대신하는 몸

누군가와의 신뢰관계를 경험하면서

나 자신을 신뢰할 수 있게 된다.

부모화된 아이

그날은 꿈에도 그리던 엄마를 만나는 날이었다. 두 살배기 동생을
들쳐 업은 엄마가 외갓집에 맡겨놓은 네 살배기 아이를 찾아오고 있
었다. 엄마와 생이별을 당했던 아이는 이 순간을 손꼽아 기다려왔
다. 논두렁 저 멀리서 걸어오는 엄마가 눈에 보이자 아이의 심장이
콩닥콩닥 뛰기 시작했다. 한껏 부풀어 오른 가슴을 안고 아이의 발
은 엄마를 향해 내달리기 시작했다. 폭발적인 에너지를 내뿜으면서
사무치게 그리운 그곳으로 아이는 있는 힘껏 뛰어갔다. 드디어 엄마
와 만나는 순간, 그런데 어찌된 일인지 아이는 엄마품에 와락 안기
지 않았다. 대신 엄마 등에 업힌 남동생 엉덩이를 두드리며 "으이구
내 새끼, 잘 있었나" 하고 말했다. 마치 엄마라도 된 듯 아이는 엄마
품을 빼앗은 동생에게 살갑게 대했다. 그 후로도 아이는 늘 그렇게
누군가의 엄마 노릇을 자처해왔다.

이것은 내 유년기의 슬픈 한 장면이다. 나는 너무 일찍 어른이 되어버린 아이였다. 왜 나는 그렇게 일찍 어른이 되어야 했을까? 심리학을 공부하면서 내 유년기 기억을 새롭게 바라보기 시작했다. 나중에야 엄마 노릇을 하는 나와 같은 아이를 설명해주는 심리학 용어를 발견하게 되었다. 바로 **부모화된 아이**parenting child, 너무 일찍 철이 들어버린 그늘진 어른아이를 말한다. 이는 부모와 아이의 심리적 위치가 뒤바뀐 상태를 의미한다. 심리적으로 부모가 부모의 자리를 지키지 못할 때 부모-자식 관계에서 역할전도가 일어나는데, 이는 훗날 성인이 되어서도 아이의 심리적 독립과 성장에 덫으로 작용할 수 있다.

아이가 아이답지 못한 것에는 반드시 '의문'이 필요하다. 아이의 어른스러움은 척박한 양육 현실에서 살아남기 위한 나름의 생존전략이다. 하지만 아이가 아이다움을 잃어버렸을 때, 치러야 하는 대가는 생각보다 혹독하다. 아이다움은 본능이자 살아 있는 감각이며 생명력이기 때문이다. 이 생명력을 잃어버린 아이는 진짜 어른으로 성장할 수 없다. 삶의 어느 지점에서든 잃어버린 '아이다움'에 대한 보상은 성인이 되어서도 계속 솟구치게 마련이다. 어른이 되어서도 어른이 되지 못한 채 심리적 유아로 남게 되고, 그것은 자신도 모르게 친밀한 관계 안에서 정서적 퇴행을 반복하게 만든다.

내 심리치료 여정도 '잃어버린 어린아이'를 되찾고자 하는 무의식적 소망에서 시작되었다. 일찍부터 엄마의 탈을 쓰면서 정작 내가

몸이 나를 위로한다

잃어버린 것은 나 자신에게서도 잊혀져버린 아이다움의 본능이었다. 어른으로 성장하기 위해서 나는 잃어버린 그 유년기 정서를 되찾아야만 했다. 정서적으로 타인을 돌보는 일은 내게 가장 익숙하고, 또 가장 잘하는 일이었다. 하지만 정작 나는 누군가에게 사랑과 관심을 달라고 요구해본 적이 별로 없었다. 힘들 때는 힘들다고 마음 놓고 칭얼거려보거나 도움을 요청하지도 못했다. 차마 내 속마음을 드러내지 못했던 것이다. 그러면서도 보살핌을 요구하며 다가오는 사람들에게는 나 자신을 희생해서라도 부응해주고 싶었다. 그것은 내 결핍에 대한 보상이었다. 내가 누군가에게 제공했던 그 보살핌은 어쩌면 내가 간절히 받고 싶었던 관심과 사랑이었을지 모른다.

엄마의 정서를 대신하는 몸

어린 시절, 현실의 엄마는 늘 바빴다. 먹고사는 문제를 해결하면서 혹독한 시집살이를 견뎌내느라 늘 소진되어 있었고, 또 무기력했다. 우울한 엄마는 자신의 문제에 빠져서 오롯이 아이를 바라볼 여력이 없었다. 엄마는 자기 문제에만 몰두해 있었고, 아이는 그런 엄마에게 몰두해야 했다. 그래서 아이는 자신의 정서로 놀지 못했다. 대신에 엄마의 기분을 살피며 엄마를 달래거나 위로하려고 애써야 했다. 지쳐 있는 엄마를 성가시게 하지 않도록 자신의 감각을 차단하거나 억압해야 했고, 엄마를 살리기 위해 자신도 모르게 자신의 감각을 죽여야 했다. 엄마가 불안하면 아이도 불안했고, 엄마가 우울하면 아이도 우울했다. 아이의 몸은 엄마의 정서를 담고 있었다. 그렇게 자신을 소외시키고 엄마를 돌보는 일은 아이 자신이 처한 양육환경에서 살아남는 생존방식이었다.

아이는 마음이 힘든 엄마뿐 아니라 몸이 아픈 남동생에게도 엄마노릇을 자처했다. 그렇게 자신도 모르게 모든 관계 안에서 타인의 정서를 돌보는 사람이 되어갔다. 엄마에게 그랬던 것처럼 늘 타인에게 몰두했고, 또 그들의 욕구와 감정에 민감하게 반응했다. 이런 방식은 성인이 되어서도 다른 사람들과 친밀해지는 애착 패턴이 되어갔다. 마치 엄마가 아이의 정서를 방치해둔 것처럼 자신의 정서는 방치해둔 채 '부모화된 아이'는 자신의 욕구와 감정을 감추는 것에 익숙해져갔다.

엄마의 감정이 곧 자기감정으로

감정의 수도꼭지를 틀어 잠그고 애써 살아남은 어른아이는 외부적으로 잘 적응하며 살아가는 듯 보인다. 하지만 정서적인 삶은 윤기 없이 건조하고 메말라간다. 왜 그럴까? 부모가 아이의 특정 정서에만 우호적으로 반응하고 다른 정서에는 눈감을 때, 아이는 부모가 좋아하는 반응에만 정서적 패턴을 형성하고, 다른 반응은 굳게 닫아버린다. 이는 자기경험의 긍정적 측면만 받아들이고, 부정적 측면은 외면하는 것으로 이어진다. 특히 분노와 같은 공격성은 마치 없었던 것처럼 마비시켜야 한다. 어른아이는 그렇게 자신의 감각과 감정을

몸이 나를 위로한다

점점 더 잃어가게 된다.

"저는 제 자신이 느끼는 것을 도저히 믿을 수가 없어요."

어느 삼십 대 내담자도 그랬다. 우울감 때문에 심리 상담을 받기 시작한 여자는 자신의 감정을 신뢰할 수 없었다. 어떤 일을 선택해야 하는 상황에서도 무엇이 옳은 선택인지 도무지 알 수가 없었다. 느끼는 것보다 머리로 판단하는 것은 자신에게 익숙한 방식이지만 그 판단도 믿을 수 없었다. 그래서 자신이 진짜 좋아하는 것, 자신에게 정말 필요한 것이 무엇인지 확신하지 못했다. 하지만 엄마에 관해서는 달랐다. 여자는 엄마의 눈빛이나 표정만 봐도 엄마가 무엇을 느끼는지 단번에 알아차릴 수 있었다. 엄마가 어떤 말과 행동을 할 거라는 예감은 한 번도 틀린 적이 없었다. 마치 엄마와 한 몸인 것처럼 엄마의 모든 것을 꿰뚫고 있었다.

이처럼 엄마의 정서를 고스란히 느끼며 대신하는 상태, 이것은 인간 발달과정에서 부모와 자녀가 하나로 융합되어 있는 초기 공생기의 정신을 의미한다. 공생기의 엄마는 아이의 거울이 된다. 아이는 자신의 감정을 거울처럼 비춰주는 엄마를 통해 자기감정을 발견한다. 그런데 여자의 엄마는 엄마 자신에게만 몰두해 있어서 아이의 감정을 비춰줄 수 없었고, 이런 이유로 여자는 자기감정을 발견할 수가 없었다. 안타깝게도 여자는 지금껏 엄마라는 거울을 통해 자신을 발견한 것이 아니라, 비극적인 엄마를 통해서 자신의 모습을 봐왔던 것이다.

"거의 마술적이에요. 텔레파시가 통하는 것처럼 저는 엄마의 감정을 너무 잘 알아요. 지금까지 살아오면서 엄마의 기쁨이 곧 나의 기쁨이었고, 엄마의 아픔은 나의 아픔이었어요. 그런데 엄마를 빼고 나면 내 감정은… 정말 모르겠어요."

평생 비극적인 엄마의 얼굴을 마주하고 살아온 여자는 뿌리 깊은 허무감을 그렇게 말했다. 어릴 적부터 여자는 엄마의 불안을 다루기 위해 자신의 지적능력을 발휘하는 것에 매달려왔다. 학창시절, 뛰어난 성적을 보여주고 번듯한 대학에 들어간 것은 엄마를 위로하고 안심시키는 일이었다. 하지만 여자는 아직도 심리적 유년기 상태에서 빠져나오지 못한 채 허우적대고 있었다. 정서적으로 방치되어 있는 아이, 늘 엄마를 걱정하는 아이, 엄마의 감정을 담고 있는 아이로 머물러 있었다. 그것은 자기 자신을 달래주지 못하는 원인이기도 했다.

부모의 욕망을 욕망하지 않을 권리

아이가 부모를 정서적으로 돌보는 역할전도가 일어나면, 아이는 심리적으로 부모를 떠나지 못하게 된다. 이는 부모와 자식을 정서적으로 더욱 밀착되고, 끈끈한 공생관계에 머물게 한다. 결과적으로 부모로부터 분리와 독립은 점점 더 멀어질 수밖에 없다.

진정한 독립은 신뢰를 전제로 한다. **부모라는 안전기지**secure-base가 지켜주고 있을 때, 아이는 부모의 길이 아닌 자기 길을 떠날

몸이 나를 위로한다

수 있다. 여기서 안전기지는 신뢰관계를 의미한다. 인간은 누군가와의 신뢰관계를 경험하면서 자신을 신뢰할 수 있고, 자신이 느끼고 있는 것을 누군가 공감해줄 때, 그 감정을 믿을 수 있다. 따라서 관계에서 믿음이 사라지면 안정적인 애착을 맺을 수 없다. 그것은 자기 자신과 관계에서 소외로 이어지고, 결국 자기 자신조차도 믿지 못하게 된다.

심리적 분리는 부모의 욕망을 욕망하지 않을 권리에서 시작된다. 자신의 욕망이 부모의 것과 다르다는 것을 받아들여야 한다. 친밀한 정서적 유대를 맺고 싶어 하는 것은 인간의 본성이다. 하지만 역할이 전도되어 아동기를 살아남은 어른아이에게 누군가와의 정서적 접촉은 자신을 옭아 맬 것 같은 두려움을 갖게 한다. 공생적 관계에서 심리적 분리를 경험해보지 못했기 때문이다. 하지만 상대의 감정이 나와 다르다는 것을 받아들이지 못한다면 인간관계에서 일어나는 수많은 갈등을 해결할 수가 없다.

그렇다면 어떤 노력이 필요할까? 공생기 습성에서 벗어나기 위해서는 자신의 몸으로 돌아올 수 있어야 한다. 심리적 분리는 자신의 감각이 타인의 감각과 다르다는 것을 아는 것에서 시작된다. 그것은 곧 **몸의 경계**boundary를 아는 것이다. '한 몸' 이슈에서 벗어나야 감정적 동일시에서도 해방될 수 있다. 나와 상대의 몸이 다르듯이 나의 감정과 상대의 감정 또한 다르다는 것을 인정해야 한다. 이런 점에서 자신의 감정과 타인의 감정, 자신의 욕구와 타인의 욕구를 구분하는 것은 심리적 독립과 성장을 위해 중요한 인생의 과업이라 할 수 있다.

내 몸의 목격자를 찾아서

엄마의 욕망을 욕망하면서 살아온 여자는 자신의 내러티브 속에서 '슬픈 피에로'를 발견했다. 엄마의 슬픈 피에로는 아무리 노력해도 엄마의 욕망을 결코 충족시켜줄 수 없었다. 엄마의 거울에 비친 자신은 늘 부족하고 실패한 모습이었다. 그래서 점점 더 무기력해졌고 우울은 깊어만 갔다. 견디다 못해 여자는 자신을 압박해오는 엄마의 요구를 자신도 모르게 '감히' 거절하기 시작했다. 그러자 수십 년간 결탁되어온 엄마와 딸의 공생관계는 파국적으로 깨지기 시작했다. 그것은 살아 있기 위한 절실한 선택이었다. 그동안 엄마를 살리기 위해 죽여야 했던 자신의 감각을 다시 살려내기 위해서 여자는 반드시 그래야만 했다.

강력한 공생관계를 깨고 나왔을 때, 여자가 발견한 것은 자신의 '잃어버린 몸'이었다. 지금껏 자신의 몸이 엄마의 감정 쓰레기통처럼 여겨졌던 사실을 비로소 깨닫게 되었다. 심리 상담 시간에 여자는 자신의 호흡을 따라가면서 몸을 주도적으로 움직여보았다. 그러자 엄마의 몸이 아닌, 자신의 몸을 처음으로 느껴볼 수 있었다.

이처럼 몸을 되찾는 것은 잃어버린 자신을 되찾는 일이다. 몸의 공생관계에서 떨어져 나올 수 있을 때, 비로소 심리적 독립도 시작된다. 자기 자신으로 살기 위해서 필요한 것은 타인의 시선이 아니라 바로 '내 안의 시선'이다. 그것은 내 안에서 나를 바라보는 시선, 바로 **내 안의 목격자**inner witness이다.

모든 아이들에게 자신을 바라보는 첫 번째 시선이 바로 부모이다. 아이는 부모가 응시하는 시선을 통해서 자기 자신을 바라보고, 또 자기 존재를 처음으로 발견한다. 따라서 부모의 사랑이 담긴 시선은 곧 자기 자신을 사랑하는 시선으로 이어진다. 내 안의 목격자가 다정한 시선으로 자기 몸을 바라봐줄 때, 우리는 자기 몸을 자유롭게 움직일 수 있다. 내 안의 목격자가 새로운 시선으로 나를 바라볼 때, 새롭게 움직일 수 있으며, 자신에 대한 새로운 감각을 발견할 수 있다. 이처럼 자신의 몸을 있는 그대로 바라볼 수 있는 시선을 갖는다는 것은 자기 존재를 발견하는 시작이기도 하다.

정신분석가 아들러는 정신건강은 "자신의 몸을 실재한다고 느끼고, 그 안에서 살아 있는 감정을 느낄 수 있는 능력"이라고 말했다. 결국 정신건강은 자신의 신체를 어떻게 느끼고 다루는가에 있다. 몸을 통해 감정을 느낄 수 있을 때, 감정을 잘 돌볼 수 있고, 또 감정을 조절할 수 있다. 이렇게 자신의 정서와 건강하게 연결될 수 있을 때, 타인의 정서와도 의미 있게 연결될 수 있다.

결국 나를 잘 돌본다는 것은 자신의 감정을 발견하는 일이기도 하다. 타인의 감정이 아닌 자신의 감정을 발견하려면, 외부로 향해 있는 시선을 안으로 돌릴 수 있어야 한다. 그리고 나를 다정하게 바라봐주는 '내 안의 목격자'가 살아 있어야 한다.

어떻게 내 안의 목격자를 만날 수 있을까? 그것은 조용히 눈을 감는 것에서 시작할 수 있다. 그리고 몸이라는 악기와 조율하다 보면 나 자신과 몸의 악기가 공명하는 것을 느낄 수 있다. 몸은 맥박, 심장 박동, 호흡의 리듬으로 공명한다. 이때 몸의 리듬은 내 존재를 알려주는 내면의 좌표가 될 수 있다. 바로 이 지점에서 자기 자신을 되찾는 독립이 시작된다.

몸챙김 연습

몸에 활력을 주기

자신의 숨결을 생생하게 감각하는 순간,
무기력에서 조금씩 깨어날 수 있다.

정서가 살아 있는 존재로 깨어나기 위해서는 새로운 숨결이 필요하다.
마음이 무기력에 빠져 있다면, 그리고 자신의 의지만으로 무기력을 깰
수 없는 상태라면 호흡으로 전환을 시도할 수 있다. 이를 위해 무기력
한 몸을 각성상태로 전환하는 데 도움이 되는 호흡 기반의 신체활동을
제안해본다.

호흡 + 신체활동은 감각이 차단되어 있는 몸을 움직이면서 몸을 느낄

수 있고, 몸을 자각할 수 있는 유용한 방법이다. 호흡과 함께 몸이 움직이면, 무기력한 감각과 정서도 함께 움직인다. 움직이는 몸을 자각하면서 동시에 무기력감에 빠져 있다고 느낄 수는 없기 때문이다. 자신의 몸이 물에 젖는 솜뭉치로 혹은 꿈쩍도 않는 무거운 바윗돌로 느껴진다면, 바로 그 지점에서부터 시작해본다. 물을 머금은 솜뭉치의 습기를 짜듯이 수축과 팽창의 호흡을 시작해볼 수 있다. 또한 꿈쩍도 않는 단단한 바위가 흔들바위처럼 흔들리는 듯 호흡진동을 불어넣을 수도 있다. 활력을 주는 몸을 체험해볼 수 있는 두 가지 호흡 기반 움직임에 대해 알아보자.

첫 번째, 삼차원적 호흡이다. 삼차원적 호흡은 자신의 숨결을 입체적으로 움직이고, 감각할 수 있는 방법이다. 이는 가로호흡, 세로호흡, 시상호흡을 포함하고, 삼면으로 동시에 일어나는 움직임이다. 호흡은 본래 입체적이다. 심장과 폐, 그리고 우리의 몸 자체도 평면이 아니라 삼차원적 입체이다. 인간은 본래 완전한 삼차원적 호흡을 하는 몸으로 태어났다. 아기의 숨을 보면 가장 완벽한 입체적인 호흡이라는 것을 알 수 있다. 바닥에 배를 깔고 잠을 자고 있는 영아의 몸을 가만히 들여다보면, 등이 오르락내리락 호흡의 입체적인 움직임을 확인할 수 있다. 그런데 성장과정에서 현실의 한계를 만나면서 숨을 참거나, 혹은 숨만 붙어 있는 상태로도 생존해가는 다양한 방어기제를 온몸으로 습득하게 된다. 불안하거나 우울한 몸은 본능적으로 최소한의 호흡으로 절

전모드를 유지하면서 자신을 보존하려고 한다. 이에 대해 삼차원적 호흡은 온전한 초기 호흡을 되찾는 활동이다. 움직이면서 심호흡을 입체적으로 감각할 수 있다면, 부교감신경을 교감각성으로 이동할 수 있는 촉매제가 된다.

두 번째, 호흡하는 춤이다. 호흡은 모든 생명의 기원이다. 호흡에서부터 모든 존재의 움직임이 시작되고 진화해왔다. 호흡은 그 자체로 리듬을 가진다. 이는 들숨과 날숨, 긴장과 이완, 팽창과 수축의 리듬으로 구성된다. 따라서 몸에 힘을 빼고, 자아의 방어기제를 내려놓고, 호흡의 리듬을 따라가면 자연스럽게 열림과 닫힘, 그리고 확장과 수렴의 리듬을 체험할 수 있다. 이러한 몸의 리듬은 자연스럽게 정서적으로도 긴장과 이완, 열림과 닫힘, 확장과 수렴 사이의 조화와 균형을 감각적으로 되찾아주는 기능이 있다. 이는 정서적 자기조절시스템을 몸으로 체득하는 경험이 될 수 있다. 호흡이 춤이 되는 이 모든 과정에서 가장 중요한 것은, 내 몸의 감각을 관조하면서 너무 애쓰지 않는 태도이다.

1. 입체적 호흡 :
삼차원적 호흡Three Dimensional Breathing

❶ 먼저 가로호흡을 감각해보기 위해서 두 손을 각각 좌우 횡격막 위에 올려본다. 숨을 크게 뱉어보고, 이어서 숨이 들어가는 것을 바라본

몸챙김 연습

다. 들숨과 날숨의 리듬에 따라서 횡격막이 마치 아코디언처럼 양옆으로 팽창되고 수축되는 움직임을 자신의 손으로 충분히 느껴본다.

❷ 세로호흡을 감각해보기 위해서 한 손은 가슴 위에, 다른 한 손은 복부 위에 올려본다. 숨을 크게 뱉어본다. 이어서 숨이 들어가는 것을 바라본다. 들숨과 날숨의 리듬에 따라서 몸통이 아래위로 길게 늘어났다가 다시 줄어드는 움직임을 두 손으로 충분히 느껴본다.

❸ 시상호흡을 감각해보기 위해서 한 손은 배 위에, 다른 한 손은 등 위에 올려본다. 숨을 크게 뱉어본다. 이어서 숨이 들어가는 것을 바라본다. 들숨과 날숨의 리듬에 따라서 몸통이 앞뒤로 부풀어 오르고, 다시 수축되는 움직임을 두 손으로 충분히 느껴본다.

❹ 이번에는 두 손으로 동그랗게 상상의 에너지 공을 만들어본다. 가로호흡을 하면서 들숨에 두 손을 양옆으로 최대한 팽창하고, 날숨에 두 손을 작게 수축해서 가장 작은 에너지 공으로 돌아온다. 숨을 마시면서 에너지 공이 양옆으로 최대한 커지면서 가슴을 최대한 열어본다. 숨을 내쉬면서 에너지 공이 다시 최대한 작게 수축해서 돌아오고, 가슴을 안전하게 닫아본다. 들숨과 날숨을 반복하면서 자신의 에너지 공이 가로로 늘어났다가 줄어드는 감각을 가슴으로 연결해본다.

❺ 세로호흡을 하면서 에너지 공이 아래위로 길어졌다가 다시 작아지는 것을 상상해본다. 들숨에 두 손을 아래위로 길게 늘려보고, 날숨에 두 손을 작게 수축해서 가장 작은 에너지 공으로 돌아온다. 숨을 마시면 에너지 공이 아래위로 최대한 커지면서 몸의 수직선을 최대한 길게 열어본다. 숨을 내쉬면, 몸의 수직선도 수축되면서 두 손의 에너지 공도 다시 최대로 작아진 상태로 돌아온다. 들숨과 날숨을 반복하면서 자신의 에너지 공이 수직면으로 늘어났다가 줄어드는 감각을 가슴과 몸통으로 연결해본다.

❻ 시상호흡을 하면서 에너지 공이 앞뒤 면으로 부풀어 올랐다가 가라앉는 것을 상상해본다. 들숨에 두 손을 앞뒤로 최대한 늘려보고, 날숨에 두 손을 작게 수축해서 가장 작은 에너지 공으로 돌아온다. 숨을 마시면, 에너지 공을 시상면으로 길게 뻗어본다. 숨을 내쉬면, 에너지 공이 다시 작아지면서 중심으로 돌아온다. 들숨과 날숨을 반복하면서 자신의 에너지 공이 앞뒤로 늘어났다가 줄어드는 감각을 가슴과 등으로 연결해본다.

❼ 마지막으로 자신의 몸 전체가 풍선이나 공이라고 상상해보자. 숨을 마시면서 양손, 양팔과 함께 마치 풍선처럼 몸통 중심에서부터 말초 끝까지 입체적으로 부풀어 오르는 것을 움직임으로 표현해본다. 숨을 내쉬면서 부풀어 오른 에너지 공이 가라앉으면서 말초로부터 중심으

로 돌아오는 움직임을 표현해본다. 들숨과 날숨의 리듬에 따라 온몸이 팽창하고 수축하는, 열리고 닫히는, 확장하고 수렴하는 호흡의 움직임을 반복하면서 삼차원적 호흡을 충분히 느껴본다.

2. 호흡이 춤으로 :
호흡하는 춤Breathing Dance

❶ 호흡의 리듬과 자연스럽게 연결될 수 있는 부드러운 음악을 준비한다.

❷ 음악을 틀어놓고 가로호흡의 리듬부터 시작해본다. 내 몸이 마치 아코디언처럼 가로 방향으로 들숨에 들어났다가 날숨에 줄어드는 것을 표현해본다. 들숨에 팔과 가슴을 최대한 밖으로 열어서 펼쳐보고, 날숨에는 반대로 안으로 닫아본다. 호흡의 리듬을 따라서 수평면의 대극을 오고 가는 춤을 출 수 있도록 허락해본다. 몸이 호흡리듬을 탈 수 있도록 내 안의 목격자는 호기심을 가지고 체험을 따라간다.

❸ 이번에는 세로호흡의 리듬을 시작해본다. 들숨과 함께 내 몸의 중심에서 말초 끝까지 수직선으로 길게 드러나고, 날숨과 함께 내 몸의 중심으로 돌아올 수 있도록 표현해본다. 팔과 몸통을 수직선으로 최대한 펼쳐보고 중심으로 돌아온다. 호흡리듬에 따라서 수직면의 대극을 오고 가는 춤을 출 수 있도록 허락해본다. 몸이 호흡의 춤을 출 수 있도

록 내 안의 목격자가 일어나는 체험을 따라간다.

❹ 이번에는 시상호흡의 리듬을 시작해본다. 들숨과 함께 내 몸의 중심에서 앞뒤로 팔을 크게 뻗어서 부풀려본다. 날숨과 함께 다시 내 몸의 바람을 빼고 중심으로 돌아온다. 호흡리듬에 따라서 시상면의 대극을 오고 가는 춤을 출 수 있도록 허락해본다. 몸이 더욱 자유롭게 호흡의 춤을 출 수 있도록 내 안의 목격자가 바라본다.

❺ 마지막으로 내 몸이 삼차원적 호흡의 춤을 출 수 있도록 한다. 마치 풍선처럼 숨이 들어오면 중심에서부터 몸 전체가 말초를 향해 열리고, 펼쳐지고, 부풀어 오른다. 숨을 내쉬면서 공기가 빠져나가면 몸은 중심으로 돌아오고, 닫히고, 수렴된다. 호흡리듬을 따라서 자신의 몸이 하나의 원으로 팽창되고 수축되는 춤을 출 수 있도록 허락해본다. 몸이 호흡의 춤을 출 수 있도록, 또 리듬이 계속 흘러갈 수 있도록 내면의 목격자의 시선도 따라간다.

❻ 호흡의 춤이 충분하다고 느껴질 때, 움직임을 완전히 멈추고 정적 상태에 도달한다. 몸에 남아 있는 감각을 알아차린다. 호흡의 춤을 시작하기 전과 비교해서 체온의 변화, 근육의 긴장도의 변화, 신체 이미지의 변화를 자각해본다. 호흡의 심상을 그림으로 표현해보거나 호흡하면서 느낀 감각이나 정서적 체험을 글로 표현해보자.

몸챙김 연습

"정신건강이란 자신의 몸을 실제 한다고 느끼고,

그 안에서 살아 있는 감정을 느낄 수 있는 능력이다."

- 알프레드 아들러 심리학자

Bodyfulness

3

몸은 멈춰야 하는 순간을
알고 있다

불안한 몸

놀란 아기를 달래주는 엄마의 손길처럼

누군가의 접촉과 온기는

불안의 온도를 크게 낮출 수 있다.

갇혀서 얼어붙은 몸

서른 살 무렵, 나에게 첫 번째 공황이 찾아왔다. 그날은 평범한 저녁이었다. 당시 나는 뉴욕에 위치한 백 년도 넘은 오래된 아파트에서 혼자 살고 있었다. 퇴근 후 여느 때처럼 혼자 밥을 먹은 후 욕실에서 씻고 나오는 중이었다. 그런데 욕실 문고리를 돌리는 데 뭔가 이상했다. 문고리가 돌아가지 않는 것이었다. 순간 놀라서 힘껏 돌려보았지만 움직이지 않았다. 더 세게 돌려보아도 소용이 없었다. 욕실에는 외부로 연결된 창문이 없었다. 그곳이 폐쇄된 공간이라는 것을 확인하는 순간부터 심장이 요동치기 시작했다. 걷잡을 수 없이 숨이 차오르고 온몸의 땀구멍이 열렸다. 순식간에 말로 표현할 수 없는 공포 속으로 빠져들었다. 머릿속으로 스쳐간 상상은 이미 죽음이었다. 내 몸은 옴짝달싹할 수 없었고, 다리의 힘이 풀려서 털썩 주저앉았다. 머나먼 이국땅 아파트 욕실에서 나는 맨몸으로 갇혀버렸다.

이것은 서른 살 나에게 아무런 예고 없이 들이닥친 '인생사건'이었다. 역설적으로 그 시기는 내 생애 가장 빛나는 성취를 이뤄가던 때였다. 힘든 유학생활을 무사히 통과하면서 마침내 학위를 받았고, 그토록 원하던 심리치료사가 되었다. 그것도 뉴욕 맨하탄에 위치한 종합병원 소속 정규직이었다. 10년 동안 오직 하나의 목표만 보면서 달려왔고, 이제 막 그 목표지점에 닿았을 때였다. 고생 끝에 낙이 온다고 했는데 나에게는 고생 끝에 공황이 찾아왔던 것이다. 삶이 가장 빛을 발하는 순간에 찾아온 죽음의 그림자가 이런 모습일까. 왜 나에게 이런 일이 일어났을까. 영문도 모른 채 나는 그 일을 혼자서 관통해내야 했다. 돌이켜보면, 몸의 관점에서 그날의 일은 심장이 미쳐 날뛰다가 붕괴해버린 사건이었고, 심리적 관점에서는 불안이 한바탕 휘몰아치고 가버린 일이었다.

애착, 누군가를 온전히 믿을 수 있을까?

생명의 시작과 끝을 알리는 유일무이한 신호는 우리의 몸, 바로 심장에 있다. 탄생은 심장이 자발적으로 뛰기 시작하는 일이고, 죽음은 그 심장이 멈추는 일이다. 몸의 관점에서 보자면 생과 사는 참으로 단순하다. 그리고 이 단순한 이치 안에 '불안'이 깃들어 있다.

인간은 본래 태어나는 순간부터 불안과 맞닥뜨리는 운명에 놓여 있다. 출산 과정은 산모와 태아 모두에게 죽음의 위험을 뚫고 나오는 고통이다. 모든 생명이 소중하고 경이로운 이유도 바로 죽음의 불안과 사투를 벌이면서 태어났기 때문이다.

이렇게 힘들게 태어난 모든 생명은 예외 없이 죽음을 맞는다. 죽음은 누구도 피할 수 없는 길이고, 누구도 알 수 없는 시간이다. 생은 시작하는 순간부터 죽음이라는 결말을 향해 나아간다. 이렇듯 삶과 죽음은 본질적으로 맞닿아 있기에 산다는 것 자체가 불안한 것이다. 이를 **실존불안**이라고 말한다.

실존불안과 함께 또 하나 피할 수 없는 숙명적 불안이 있다. 바로 **분리불안**이다. 모든 인간은 부모가 제공해주는 안전기지를 떠나서 언젠가는 자신의 길을 찾아가야 한다. 그런데 세상 밖은 늘 온갖 위험으로 가득 차 있고, 스스로 보호할 힘이 없는 아이는 자신을 전적으로 보호해줄 안전기지를 필사적으로 찾게 된다. 그 대상이 바로 부모이다. 따라서 부모가 눈앞에서 사라지는 것은 아이에게 극도로 불안한 일이 아닐 수 없다.

아이가 부모로부터 조금 덜 불안하게 분리할 수 있으려면 심리적 준비가 필요하다. 그것이 바로 정서적 접착, 즉 애착이다. 아이가 성장하여 안심하고 자기만의 길을 찾아갈 수 있으려면 부모에게 받은 애착 경험이 반드시 필요하다. 그래서 애착은 궁극적으로 탈착, 즉 독립을 위해 필요한 것이다.

안정적인 애착 경험은 누군가를 온전히 믿을 수 있는가에 달려 있다. 스스로 분리할 수 있으려면 누군가에게 전적으로 의존하고 믿어본 경험이 있어야 한다. 이 시기, 몸으로 경험한 누군가에 대한 신뢰가 자기 자신에 대한 신뢰로 이어진다. 그리고 타인과의 신뢰가 형성되어 있을 때, 자신을 신뢰할 수 있고 분리불안도 감당할 수 있다. 따라서 부모로부터 얼마나 건강하게 분리되었는가, 다시 말해 심리적 독립 상태는 개인의 정신건강과 심리적 성숙의 준거가 된다.

불안해서 달라붙고, 불안해서 밀어내고

신뢰와 불안은 하나의 쌍으로 연결되어 있다. 한 개인의 생애에서 첫 신뢰 경험이 이후 대인관계에서 불안의 기원이 된다. 생애 초기, 부모와의 불안정한 애착 경험은 대인관계, 특히 친밀한 관계에서 두 가지 불안 양상으로 드러난다. 그것은 친밀불안과 유기불안이다. 전자는 사람에게 가깝게 다가가는 것에 대한 불안이고, 후자는 그 사람이 떠나버리는 것, 다시 말해 버려질 것에 대한 불안이다. 우리가 흔히 말하는 관계에서 '밀당'의 본질도 이런 불안감의 표현이다.

불안해서 달라붙고, 불안해서 밀어낸다. 이때 불안감은 우리를 적당히 흥분시키거나, 긴장을 유발하면서 친밀감의 윤활유 역할을 한다. 하지만 과도한 분리불안이 일어나면 상대에게 다가가지도 밀어내지도 못하는, 혹은 다가가면서 동시에 밀어내는 어려움에 빠지게 된다. 돌이켜보면 나에게 공황이 찾아왔던 그 시기는 외로운 유학생활을 버티게 해주었던 사람과 결별한 직후였다. 절대적인 연결고리 하나가 떨어져나가면서 분리불안이 쓰나미처럼 밀려왔던 것이다.

몸이 나를 위로한다

당시 나는 심한 이별 후유증을 겪고 있었는데, 그 이별이 공황의 방아쇠를 당겼던 것이다.

공황은 극심한 불안에 압도당하는 현상이다. 불안은 기본적으로 위험을 감지하고, 자신을 보호하는 데 중요한 감각이자 감정이다. 살아남기 위해서 상대가 나에게 아군인지, 적군인지 분별하려면 불안을 감지할 수 있어야 한다. 그런데 공황은 이러한 위험감지시스템이 과도하게 오작동하는 상태이고, 이때 불안의 강도는 스스로 감당하기 불가능할 만큼 압도적이고 강력하다.

이렇게 불안의 강도가 커지면 공포 반응이 일어나고, 그 순간 우리 몸은 본능적으로 싸우거나 도망치고, 심지어 죽은 척하는 대응 태세를 갖추게 된다. 이러한 공포는 지극히 주관적인 반응이며, 대부분 무의식적으로 일어난다. 한 개인의 역사에서 어떠한 경험이 이 공포의 방아쇠가 되었는지 의식적으로 추적하기는 매우 어렵다. 특히 생애 초기 몸으로 저장된 기억과 정서가 연합된 경우에는 더욱 그렇다. 공포의 방아쇠는 누군가의 한마디, 어떤 손짓이나 자세, 혹은 특정한 눈빛이 될 수 있고, 또 어두움, 폐쇄감각, 고소감각, 소리자극 등과 같은 환경이 될 수도 있다. 이러한 압도적인 불안은 누구에게나 닥칠 수 있다.

불안, 맞서지 말고 떠나보내기

일단 공포의 방아쇠가 당겨져서 심장이 내달리기 시작하면 도저히 의지만으로는 그 격동을 막을 수 없다. 아무리 멈추려고 해도, 또 도 망가려고 해도 불안은 의지대로 조절되지 않는다. 뇌에서 생존위협을 알리는 위험신호가 촉발되면, 우리 신경계는 오직 본능적 체계로만 반응할 뿐이다. 이런 위기상황에서 우리는 생각하고 있을 겨를이 없다. 이미 이성적 판단을 내리는 사고체계는 마비되기 때문이다. 이 순간, 오직 생존본능만이 살아 있으며, 따라서 가장 원시적인 방식으로 대응할 수 있을 뿐이다.

그날도 그랬다. 순식간에 공황이 찾아왔고, 곧바로 죽음의 공포가 들이닥쳤다. 밀려오는 공포로부터 내달리고 싶었지만 이미 내 몸은 옴짝달싹할 수 없었다. 다리에 힘이 풀리면서 결국 바닥에 털썩 주저앉아버렸다. 나는 무릎을 꿇고 굴복할 수밖에 없었다. 그런데 놀라운 일이 벌어졌다. 내 의식이 항복하는 순간, 몸이 스스로 응급처방을 시작했던 것이다. 내 몸은 먼저 바닥에 접지하고, 그 다음 숨을 내뱉기 시작했다. 살기 위해서였다. 밀려드는 공포를 막을 수는 없지만, 그렇게 밖으로 내보내줘야 한다는 것을 몸은 스스로 알고 있었다.

공포가 나를 통과해서 나갈 수 있도록 나는 최대한 숨구멍을 열었다. 내쉬는 날숨을 시작하면서 공기를 마시는 들숨이 가능해졌다. 그렇게 심호흡을 시작하고 얼마나 시간이 지났을까. 마치 깊이를 알수 없는 구멍에 빠져들었다가 조금씩 헤어 나오고 있다는 느낌이 들었다. 비로소 공포에 사로잡힌 내 '정신'이 숨을 쉬고 있는 '몸'으로 돌아왔던 것이다. 그제야 정신을 차릴 수 있었다. 그러고 나자 이 낡고 오래된 아파트 욕실문이 그저 속빈 합판과 작은 쇠 문고리로 구성된 허접한 물건일 뿐이라는 생각이 들어왔다. 나는 다시 그 손잡이를 돌려보았다. 이번에는 몸에 힘을 풀고 부드럽게 돌려보았는데, 놀랍게도 문고리가 스르륵 돌아가는 것이었다. 정말 잠겨 있었던 것일까. 아니면 풀린 것일까. 그것은 아직도 미스터리로 남아 있다.

그렇게 이해할 수 없는 일을 겪고 나서 비로소 이해한 사실이 있다. 당겨진 공포의 방아쇠는 막아낼 수 없다는 것, 그리고 죽음의 공포는 맞서 싸우는 게 아니라 굴복해야 한다는 것이다. 위기의 순간, 나는 숨구멍을 열어두었고, 그 열어둔 숨구멍을 통해서 내 안의 공포는 밖으로 빠져나갈 수 있었다. 숨구멍은 내가 공황을 성공적으로 관통할 수 있도록 이끌어준 생명의 길이었다. 맞서지 않고 받아들이고 떠나보낼 것, 이것은 공황이 알려준 몸의 지성이었다.

당시 내가 훈련을 받고 있던 위파사나 호흡명상의 핵심도 이와 비슷했다. 위파사나 명상은 마음챙김mindfulness 훈련으로 '지금-여기를 떠나지 않는다, 현재의 감각을 받아들이고 내보낸다'는 의미를 담고 있다. 그래서 들어오는 것을 막기 위해, 혹은 나가는 것을 붙잡기 위해 애써 숨을 잡지 않는다. 그 시기, 내 몸은 들어오는 모든 감각과 감정을 막지 않고 받아들이며 내보내는 호흡을 연습하고 있었다. 숨을 내쉬는 나 자신을 관찰하면서 그동안 내가 얼마나 애쓰며 살았는지를 바라볼 수 있었다. 부정적인 것을 부정하느라, 긍정적인 것을 더욱 긍정하느라 갖은 노력을 해왔던 내 모습을 깨닫게 되었다.

위기의 순간, 몸은 스스로 지켜낸다

불안의 파도가 압도적으로 밀려올 때, 의지만으로 그것을 막을 수 없다. 그럴수록 회피하고 방어하느라 정신적 에너지를 모조리 소모해버린다. 불안이 밀려오는 순간, 우리가 할 수 있는 유일한 일은, 불안이 나를 무사히 통과하도록 숨구멍을 열고 내보내주는 것이다. 바로 날숨의 기능이다. 날숨으로 들숨이 가능해지면 비로소 온전히 숨을 쉴 수 있다. 이렇게 호흡활동이 시작되면 뇌에도 산소가 공급되면서 불안으로 경직된 몸은 서서히 진정을 찾는다. 정서적으로도 안정을 찾으면서 뇌의 사고영역이 활성화되고, 비로소 생각이 가능한 상태로 돌아온다. 우리는 극심한 불안이나 공포 때문에 죽지 않는다. 다만 그 순간에 죽을 것 같은 주관적인 감각을 느낄 뿐이다.

내 생애 첫 공황이 가르쳐준 가장 큰 가르침은 '**몸의 지성**'이었다. 극심한 공포불안이 찾아왔을 때, 의식과 이성만으로 압도된 감정을 통제할 수 없었다. 내 몸이 공포에 빠져든 것도 무의식적 자동반응이었지만, 그것으로부터 빠져나갈 수 있었던 것도 무의식의 지혜였다. 공포 반응을 감각하는 것도 몸이었지만, 그것으로부터 빠져나갈 수 있었던 주체도 바로 몸의 생존본능이었다.

한 지인은 극장에서 갑작스럽게 폐쇄공포 반응이 일어나서 옴짝달싹 못하는 순간, 허벅지를 꼬집으면서 간신히 깨어났다고 했다.

몸의 지성은 알고 있다. 심리적 위기의 순간에 어떻게 몸으로 빠져 나와야 하는지를. 마치 잠에 빠져서 가위에 눌렸을 때, 악몽으로부터 의식을 깨우기 위해 자기 몸을 꼬집거나 깨무는 행위를 하는 것처럼 몸의 생존본능은 이미 알고 있는 것이다. 그것이 몸의 지성이다. 누구나 불안하다. 누구나 극심한 불안에 압도당할 수 있다. 하지만 우리는 몸의 지성으로 불안에서 빠져나올 수 있다.

첫 공황이 찾아오고 난 후, 일상에서 다시금 불안의 기운이 스멀스멀 올라왔다. 미술관 안에서 어둠을 감지하는 순간, 비행기가 이륙하기 전 출입문이 닫히는 것을 감각하는 순간, 등산을 하다가 발아래 바위의 높이를 확인하는 순간, 그 공포의 방아쇠가 당겨지는 느낌이 밀려왔다. 어둠 공포, 폐쇄 공포, 고소 공포 등 위기를 감지하는 내 안의 모든 위험세포가 잠에서 깨어나는 것이었다. 그럴 때마다 나는 도망가지 않으려고 발바닥을 접지하고 숨을 내뱉기 시작했다. 숨을 내쉬기 시작하면, 불안감이 더 이상 나를 압도하지 않고 서서히 가라앉는다는 것을 확인할 수 있었다.

위기의 순간, 몸은 그렇게 스스로를 지켜내고 있었다. 다행히 처음 공황이 찾아왔을 때, 몸으로 학습된 응급처방으로 매순간 불안감을 간신히 통과해낼 수 있었다. 이제 조금씩 자신감이 생기기 시작했다. 불안할 때 불안을 더 이상 키우지 않고 가라앉힐 수 있다는 자기 감각을 신뢰하기 시작했던 것이다. 이는 나 자신에 대한 신뢰이기도 했다.

누구나 불안을 피할 수 없다. 산다는 것 자체가 불안이고, 주어진 일을 제대로 수행하기 위해, 실수하지 않기 위해, 관계를 잘 맺고 싶어서 불안해한다. 공포불안 또한 언제 어디서든 누구에게나 급습할 수 있다. 우리는 불안이 일어날 것을 예측할 수 없고, 촉발되는 불안을 막을 수도 없다. 어쩌면 우리가 유일하게 할 수 있는 일은 불안을 삶의 일부로 받아들이는 것인지 모른다.

불안을 몸으로 멈추는 법

불안이 몰려올 때, 그 불안에 압도당하지 않고 가라앉히는 방법이 있다. 바로 안전감을 주는 몸의 지성을 배워두는 것이다. 몸에는 불안에 따른 도피반응에 브레이크를 걸 수 있는 기능이 있다. 불안을 스스로 진정시키는 가장 효율적인 응급처방은 자기 몸과 접촉하는 것이다. 나에게 첫 번째 공항이 왔을 때 본능적으로 내 몸이 먼저 시도했던 처방은 바닥과의 접촉이었다. 이를 심리학적 용어로 그라운딩grounding이라고 한다. 불안할 때 우리 몸은 본능적으로 도망가기 위해 바닥에서 뜨는 것 같은 각성되는 감각을 느낀다. 이런 불안 각성을 가라앉히기 위해서는 가장 먼저 몸을 바닥으로 접지하는 것이 필요하다. 이는 바닥과의 관계를 재설정함으로써 의식이 도망가지 않고 현실에 뿌리를 내리고, 다시 몸으로 돌아오게 돕는 것이다. 다시 말해 그라운딩은 '지금-여기'에 실존하는 자기 몸을 확인하고 진정시키기 위해 필요한 접촉을 제공해준다.

본래 불안을 진정시키는 가장 자연스러운 방법은 타인의 접촉과 손길이다. 놀란 아기를 달래는 엄마의 손길처럼 누군가 나를 달래주는 온기를 느낄 때, 우리는 불안의 온도를 크게 낮출 수 있다. 만약 그 손길이 부재할 때는 자신의 손길로 자신의 몸을 진정시켜줄 수 있다. 욕실에 갇혔던 순간, 얼어붙은 내 몸을 바닥에 접촉했을 때 나는 비로소 숨구멍을 열고 호흡을 내뱉을 수 있었다. 그 일을 겪은 후 수년이 지나고 트라우마 치료를 공부하면서 알게 되었다. 발바닥 그라운딩, 피부 두드림, 근육 누르기 등과 같은 자기-접촉이 모두 신경계의 안정화 기법이었다는 것을. 몸의 본성이 해냈던 일을 뒤늦게나마 이해하게 된 것이다.

몸으로 안정화 기법을 익히는 것은 마치 몸으로 자전거를 배우는 일과 같다. 몸으로 방법을 익히고, 자기 몸을 신뢰할 수 있을 때까지 꾸준히 연습해야 한다. 심리적인 체력, 즉 강인함이란 마치 근육을 키우는 것처럼 자신을 신뢰할 수 있을 때까지 계속 반복하면서 길러지는 것이다. 앞으로도 불안은 계속 밀려올 것이다. 그럴 때마다 불안한 자신에게 모성의 스킨십을 전해주면 어떨까. 불안이 자기신뢰로 바뀔 수 있을 때까지 말이다.

몸챙김 연습

몸의 브레이크 사용하기

불안이 과도할 때,
바닥과 발바닥을 접촉하여
마음을 안정시킬 수 있다.

몸에도 엑셀과 브레이크가 있다. 이는 자율신경계의 반응으로 자동차
의 제동장치와 유사하게 기능한다. 교감신경계의 각성은 엑셀 기능과
연결되고, 부교감신경계의 이완은 브레이크에 해당된다. 우리 몸의 자
율신경계는 오직 생존을 목적으로 움직이고, 외부 자극에 따라 자율적
으로 반응한다. 다시 말해 의식적 반응이 아닌 무의식적 자동반응이다.
우리 몸은 기본적으로 위험신호를 감지하면 교감신경이 각성되어 긴
장반응을 일으키고, 안전신호를 감지하면 부교감신경이 활성화되어

이완반응으로 연결된다. 이는 정서적인 고양감과 안정감에도 영향을 주어서 정서조절시스템이라고 할 수 있다. 여기서 정서적 흥분, 불안, 혹은 분노반응은 교감각성 상태와 연결되고, 이완, 차분함, 우울, 혹은 무기력은 부교감 활성화 상태와 연결된다.

건강한 몸은 외부 자극에 대한 엑셀과 브레이크 반응을 스스로 조절할 수 있다. 문제는 극심한 스트레스 상황이다. 극심한 스트레스에 지속적으로 노출되면 이 조절시스템의 리듬이 깨지고, 과도한 각성 혹은 감정저하가 찾아온다. 전자는 불안공포 반응이며 후자는 우울무기력 반응이라 할 수 있다.

불안이 과도하게 촉발되어 정신이 몸을 떠나려고 할 때, 몸의 브레이크 기능을 사용할 수 있다. 불안공포란 우리 몸의 교감신경계가 과도하게 촉발되는 상태를 말한다. 이때 각성된 교감신경계를 진정시키는 강력하고 효율적인 신체활동으로 '자기-접촉self-touch'을 제안해본다. 불안을 진정시키는 자기-접촉의 방법은 다양하다. 그 중에서도 소마틱치료Somatic Experience:SE의 대가 피터 레빈의 안정화 기법을 소개한다. 가장 시급할 때 사용하는 안정화 방법으로 그라운딩grounding과 몸의 경계body boundary 확인하기가 있다. 그라운딩은 바닥과의 접촉을 통해 의식이 도망가지 않고 현실의 몸으로 돌아오는 것을 돕는다. 촉발되어 올라오는 불안을 가라앉히기 위해서는 몸을 바닥으로 접지하는 것이 신경계를 안정화하는 데 효과적이다. 서 있을 때는 양쪽 발바닥 두 개의 포인트가 지면 접촉을 하게 된다. 의자에 앉으면 의자 지면에 닿는 양쪽 좌골까지 포함해서 네 개의 포인트가 지면 접촉을 하게 되어 좀 더 안정감을 느낄 수 있다. 바닥에 앉게 되면 좌골을 중심으로 엉덩이와 허벅지 전면이 바닥에 접지하게 되어 훨씬 더 안정감을 느낄 수 있다.

정신이 몸을 떠나지 않고 현실의 뿌리로 돌아왔다면, 몸의 경계를 확인하는 자기-접촉의 방법으로 피부접촉인 두드림tapping을 제안해본다. 누군가 정신을 잃어버렸을 때, 우리는 본능적으로 그 사람의 몸을 때리거나 흔든다. 이것이 바로 두드림의 행동이다. 손으로 신체를 가볍게 톡톡톡 두드림으로써 의식을 몸의 감각으로 돌아오게 할 수 있다. 공황불안이 일어날 때 감각이 마비되는 느낌이 들기도 하는데, 무감각, 마비, 실신 등은 모두 부교감신경을 극단적으로 활성화시켜서 몸의 감각을 거의 감각하지 않는 차단 상태이다.

이때 피부경계를 조금 더 강하게 두드리는 스킨십은 마비된 몸의 감각을 깨우고, 현실감각을 되찾는 데 도움을 준다. 또한 두드림을 제공하는 손의 감각과 두드림을 제공받는 몸의 감각을 느끼는 것은 의식의 자각을 불러일으킨다. 여기서 중요한 것은 감각을 의식하는 것이다. 피부접촉을 통해 그것이 외부와 내부를 구분하는 내 몸의 경계라는 것을 느껴본다. 두드림은 외부 자극이고, 피부로 공명되는 감각은 내적 자극이라는 것을 확인한다.

만약 두드림으로 충분하지 않다면 좀 더 강한 압력으로 근육 누르기 pressing를 시도해볼 수 있다. 이때 누르기는 근육을 꼬집거나 깨무는 것과 같은 깊숙한 접촉이 될 수 있다. 이는 피부경계 아래의 근육까지 감각할 수 있도록 힘을 주어서 누르는 행동이다. 불안을 진정시키는 가장 원초적이고 전통적인 스킨십은 불안한 몸을 힘껏 안아주는 것이다. 마치 불안한 아기를 꼬옥 안아주는 엄마의 품처럼 두 팔로 자신의 몸을 힘껏 끌어 안아주면서 불안감을 진정시킬 수 있다. 이때 적당한 강도의 스킨십은 위로이자 사랑이다. 근육 누르기의 강도는 자신의 몸의 감각에 따라 맞춰질 수 있다. 불안의 강도가 높을수록 누르기 압력도 커져야 감각의 조율이 일어나서 안정화될 수 있다. 그렇다면 불안한 자신에게 안전을 제공해줄 수 있는 모성적 접촉을 배워보자.

1. 접지감각 찾기 :
그라운딩Grounding

❶ 맨 발로 발바닥을 지면에 붙이고 서본다. 발바닥의 감각을 느껴본다.

❷ 발바닥의 접지감각을 깊이 느껴보기 위해 무게중심을 좌우로 이동하면서 중력을 한쪽 발에 실어서 발바닥을 눌러본다. 무게중심을 오른쪽으로 완전히 이동해서 오른발의 접촉을 온전히 느껴본다. 그리고 왼쪽으로 무게중심을 이동해서 왼발의 접촉을 온전히 느껴본다.

❸ 두 발바닥을 균등하게 접지한 후, 이번에는 앞뒤로 무게중심을 조금씩 이동해본다. 발바닥의 전면 혹은 후면으로 무게중심이 실릴 때 더 깊숙이 접지되는 감각을 느껴본다.

❹ 이때 발바닥 전체가 균등하게 바닥에 닿을 수 있도록 완전히 접지해보는 것이 중요하다. 마치 발바닥에 물감을 찍어서 바닥에 찍는다면 발바닥 모양이 전체가 잘 찍힐 수 있도록 눌러보는 것을 상상해본다. 만약 접지감각이 선명하게 느껴지지 않는다면, 발등을 눌러서 발바닥의 스킨십을 도와줄 수 있다.

❺ 의자에 앉아 있다면 두 발을 바닥에 붙이고, 엉덩이를 의자 깊숙이 앉아서 척추를 편안하게 세운다. 먼저 양쪽 발바닥의 접지감각을 확인하고, 이번에는 엉덩이가 의자바닥에 닿는 좌골을 확인해본다.

❻ 무게중심을 좌우로 이동하면서 중력을 실어 좌골을 더 깊숙이 느껴본다. 무게중심을 오른쪽으로 이동해서 오른 좌골의 접촉을, 왼쪽으로 무게중심을 이동해서 왼 좌골의 접촉을 온전하게 느껴본다.

❼ 발바닥의 접지감각을 느끼면서 발이 뿌리가 되어 대지 속으로 깊숙이 이어지는 지면과의 연결감을 확인한다. 자신의 몸이 발바닥 혹은 좌골을 통해 지면에 안착되어 있음을 온전히 감각해본다. 내쉬는 호흡

을 뱉으면서 숨구멍을 열고 코로 마시는 공기가 발바닥 아래까지 내려 가는 것을 상상해본다. 발바닥 그라운딩과 함께 호흡을 바라보면서 지금-여기에 현존하는 몸을 알아차린다.

2. 피부경계 확인하기 :
피부 두드림Tapping

❶ 자신의 손으로 반대쪽 손등을 가볍게 두드려본다. 마치 잠자고 있는 손등을 깨우는 느낌으로 톡톡톡, 두드려본다. 손등 피부 감각을 느껴본다. 피부가 따뜻한지, 차가운지, 촉촉한지, 건조한지, 부드러운지, 거칠게 느껴지는지 자각해본다.

❷ 두드리는 속도나 강도에 변화를 가져온다. 천천히, 부드럽게, 빠르게, 강하게 두드리는 리듬을 다양하게 바꿔보면서 두드림의 공명이 내 손등 피부로 어떻게 감각되는지 느껴본다. 두드리면서 자신의 호흡도 알아차린다.

❸ 이번에는 자신의 손으로 두피에서부터 얼굴 피부를 두드려본다. 정수리 두피에서 이마, 눈두덩이, 콧등, 귓볼, 인중, 볼, 턱선으로 내려오면서 톡톡톡 부드럽게 두드려본다. 내 몸의 감각에 따라서 조금 더 빠르게, 조금 더 강하게 속도와 강도를 바꿔보면서 두드려본다. 두드림의

공명이 안면 피부로 어떻게 감각되는지 세밀하게 느껴본다.

❹ 이번에는 어깨에서 팔, 손, 가슴, 배, 엉덩이, 허벅지, 종아리, 발등, 발바닥까지 조금씩 아래로 내려가면서 모든 피부를 두드려본다. 감각 느낌에 따라서 톡톡톡, 툭툭툭, 팍팍팍 등 속도와 강도를 조절해보면서 두드리고 감각변화를 자각한다.

❺ 두드리면서 피부접촉을 감각하고, 그것이 외부와 내부를 구분하는 내 몸의 경계라는 것을 느껴본다. 두드리는 것은 외부 자극이고, 피부로 공명되는 감각은 내적 자극이라는 것을 확인한다.

3. 근육의 힘을 확인하기 :
   근육 누르기Pressing

❶ 자신의 손으로 반대쪽 팔 근육을 눌러본다. 누르면서 피부 안쪽에 위치한 근육을 감각해본다. 근육이 단단한지, 부드러운지, 딱딱한지, 어떻게 느껴지는지 감각해본다.

❷ 근육을 누르는 강도를 변화해본다. 조금 더 부드럽게 혹은 조금 더 깊숙이 누르는 압력을 조절해본다. 그리고 누르는 압력의 변화에 따라서 근육의 감각느낌이 어떻게 달라지는지 자각해본다.

❸ 이번에는 자신의 손으로 두피에서부터 안면근육을 따라 내려오면서 눌러본다. 두피, 이마, 눈두덩이, 귓불, 콧등, 인중, 볼, 입술, 턱선까지 내려오면서 부드럽게 눌러본다. 자신의 몸의 감각느낌에 따라서 다양하게 압력을 바꿔보면서 두드려본다. 두드림의 공명이 안면 근육으로 어떻게 감각되는지 세밀하게 느껴본다.

❹ 이번에는 어깨에서 팔, 손, 가슴, 배, 엉덩이, 허벅지, 종아리, 발등, 발바닥까지 조금씩 아래로 내려가면서 모든 근육을 눌러본다. 자신의 몸의 감각느낌에 따라서 꼭꼭꼭, 꾹꾹꾹, 꽉꽉꽉 압력을 조절해보면서 눌러보고 감각변화를 자각한다.

❺ 근육 누르기를 하면서 근육감각을 의식화해본다. 지금 내가 느끼고 있는 근육의 강도가 곧 나의 힘이라는 것을 자각해본다. 근육을 깊숙이 누르면서 나의 정신이 살고 있는 몸의 그릇을 확인한다. 내가 지금 여기에서 접촉하고 있는 몸이 내 감정과 의식이 살고 있는 집이라는 것을 인식한다.

Bodyfulness

4

제대로 파괴해야
다시 시작할 수 있다

분노하는 몸

우리 안의 야생성을 따뜻한 시선으로 바라봐줄 때,
상처받은 자아는 창조적인 삶으로 나아갈 수 있다.

납작한 뒤통수의 분노

나는 뒤통수가 납작한 아이였다. 엄마는 늘 내 뒤통수가 동글납작해서 예쁘다고 말했고, 나는 오랫동안 그 말을 철석같이 믿어왔다. 진심으로 내 뒤통수가 자랑스러웠다. 그런데 어느 날, 처음으로 납작한 뒤통수 이면에 숨겨진 비애에 대해서 생각해보게 되었다. 당시 나는 정신분석을 받고 있었는데, 그날은 분석가에게 꿈의 한 장면을 이야기하고 있었다. 주제는 뒤통수였다. 꿈속에서 나는 볼록한 뒤통수를 가진 어떤 여자를 바라보면서 "뒤통수가 납작하지 않네요"라고 말하며 은근히 그 여자에게 부러움을 느끼고 있었다.

꿈속에서 나는 왜 그런 감정을 느꼈을까? 마음의 심층을 들여다보면서 나는 겉으로 드러나는 것만이 실체의 전부가 아니라는 것을 알게 되었다. 나는 부러움이라는 감정을 탐색해가던 중 불쑥 어떤 분노가 차오르는 것을 느꼈다. 그것은 납작한 뒤통수와 함께 눌려버린 아이의 절박한 욕구였다. 그렇다. 나는 뒤통수가 납작해질 때까지 혼자 누워 있던 순한 아이였다. 그것은 정서적으로 방치된 상태를 의미했다.

어린 시절, 나는 그저 '착한 딸'이었다. 자신의 기분과 욕망은 내버려둔 채 엄마의 기분을 살피며, 엄마의 욕망을 욕망하면서 그렇게 엄마의 시선에 눈높이를 맞추며 살았다. 내 뒤통수는 착한 딸로서 살아온 몸의 흔적이었다. 엄마에게 자랑스러운 딸의 표상이었던 납작한 뒤통수가 어쩌면 나에게는 억압된 분노의 형상이었을지 모른다.

고백하자면, 나는 엄마품에 안겨 있던 어린 동생의 얼굴을 엄마 몰래 손톱으로 할퀴고 꼬집는 아이였다. 남들 앞에서는 연년생 남동생의 엉덩이를 두드리면서 "으이구 내 새끼"라고 말하는 살가운 누나였지만 마음속 깊은 곳에는 엄마품을 차지하고 있는 동생을 파괴해버리고 싶을 만큼 미워했다. 겉으로는 착했지만 속으로는 엄청난 증오를 품고 있었던 것이다. 아이는 동생을 사랑하는 동시에 동생을 미워했다. 엄마와 자신을 동일시하며 마치 엄마처럼 동생을 대하는 아이의 '착한 사랑'에는 어떤 비애가 느껴졌다.

분노할 수 없어서 우울한 몸

아이의 시선에서 바라보면 동생에 대한 증오 또한 정당하기 그지없다. 하지만 박탈당한 사랑에 대한 아이의 증오는 아무도 발견해주지 않았고, 커가면서 아이는 그 증오를 묻어두어야만 했다. 동생을

　　　　　　　　　　　　몸이 나를 위로한다

미워한다는 죄책감, 그것이 두려웠기 때문이다. 대신 묻어둔 증오의 화살은 아이 자신에게로 향했다. 납작한 뒤통수를 가진 아이는 화가 날 때마다 자신도 모르게 폭력적으로 음식을 밀어 넣곤 했다. 그리고는 자신에게 체벌이라도 가하듯 무리한 운동으로 축척된 칼로리를 제거하려고 애썼다. 성인이 되어서는 주기적으로 위장장애를 겪었으며, 부정적인 감정이 올라올 때마다 자신도 모르게 자신을 폭력적으로 대했다. 그렇게 올라오는 감정을 누르는 압력이 한계에 다다르면 주기적으로 폭발했는데, 그럴 때마다 나약한 자신의 의지를 비난했다.

심층심리를 공부하면서 내 분노의 뿌리를 이해하게 되었다. 그것은 나에게 달콤한 사랑을 주었다가 냉혹하게 박탈한 엄마를 향한 것이었다. 동생에게 엄마품을 빼앗긴 나는 엄마에게 분노하고 있었다. 하지만 엄마를 도저히 미워할 수 없었다. 왜 나를 내버려두었냐고 항변할 수도 없었다. 미워하기에는 엄마가 너무나 가엽고 불쌍했다. 엄마를 공격하기에는 엄마가 너무나 약하게 느껴졌다. 엄마는 먹고 살기 위해 치열하게 살아왔고, 자신의 상처를 끌어안고 견뎌내는 것만으로도 충분히 힘겨워했다.

증오는 그 대상을 찾지 못하고, 결국 나 자신을 공격하고 처벌하기 시작했다. 그런 엄마를 증오할 수 없어서 결국 나 자신을 증오하기로 했던 것이다. 이처럼 공격성이 자기 내부로 향할 때, 누구나 우울에 빠질 수 있다. 자기 자신을 공격하고 방어하느라 정신적인 에너지가 소진되기 때문이다. 그래서 우울한 몸은 분노하는 몸이기도 하다. 분노할 수 없어서 우울한 몸이 되는 것이다.

사랑이 있는 곳에 상처가 있다

"내 안에 아주 포악한 사자가 살고 있어요. 그 사자는 늘 굶주린 상태에 있는 것 같아요."

유순한 이미지를 가진 사십 대 초반의 여자가 고백하듯 말했다. 심리 상담시간에 여자는 자신의 몸을 움직이면서 내면에 가두어둔 포악한 사자의 실체를 드러냈다. 늘 반듯하고 유난히 깍듯한 모습을 보여주었던 여자는 사실 자신도 모르게 치밀어 오르는 분노 때문에 상담실을 찾아왔다.

여자의 분노는 외부의 대상을 향하기보다 대체로 자신을 공격하는 방식으로 일어났다. 관계 안에서 갈등이 일어나거나 부정적인 감정이 올라오면 항상 회피하거나 도망가기에 바빴다. 그러면서 밖으로는 전혀 티를 내지 않고 있다가 그냥 잠수를 타버리거나 갑자기 사라지는 방식으로 관계를 끊어버리곤 했다. 그것은 여자가 대인관계에서 자신의 포악한 사자를 드러내는 유일한 방식이었다. 자신을 공격하는 방식 외에는 자신의 증오를 다루는 방법을 알지 못했던 것이다. 그래서일까. 자기 안으로 깊이 눌러버린 증오는 급기야 스스로를 해치는 자해나 자살 충동까지 불러일으켰다. 포악한 사자는 여자 내면에 갇힌 증오의 심상이었다. 하지만 현실에서 아무도 발견해주지 않은 그녀의 야생성은 금기시되어 내적 심상으로만 남아 있었다. 여자의 증오는 왜 그렇게 억압되어야 했을까?

사랑을 박탈당했을 때 증오가 시작된다. 그래서 사랑이 있는 곳에 상처가 있다. 우리는 사랑하지 않는 것을 미워하지는 않는다. 정신분석가 위니콧은 "사람은 누구나 자신이 사랑하는 것을 파괴한다"고 했다. 그 파괴하는 공격성의 뿌리에는 사랑과 증오가 있다. 사랑을 얻기 위해서, 증오를 뱉기 위해서 우리는 공격성을 사용해야만 한다. 아이의 젖을 빠는 행위와 쓴 것을 뱉어내는 행위, 마음에 드는 이성을 유혹하는 행위와 밀어내는 행위는 모두 이런 공격성에서 나온다. 이때 공격성은 타고난 것이며, 자신을 보호하고 생존하기 위한 본능적인 반응이다.

따라서 사랑과 증오는 인간 본능의 두 얼굴이자 하나의 쌍이다. 사랑하고 미워하는 것은 우리 안에 본능 에너지가 건강하게 살아 있다는 증거이기도 하다. 문제는 이러한 본능 에너지가 갇혀 있을 때 일어난다. 분노의 공격성이 출구를 찾지 못하고 자기 안에 갇히면서 자기 자신을 공격하기 때문이다. 또, 갇혀 있던 공격성이 무분별하게 폭발하면서 자신도 모르게 관계를 파괴하기도 한다. 이것은 자신에게도 타인에게도 고스란히 상처를 남긴다.

온전하게 살아 있다는 감각은 사랑과 증오, 어느 것도 부정하거나 억압하지 않을 때 느낄 수 있다. 여자가 보여주었던 유순한 이미지는 자신이 처한 현실에서 살아남기 위해 만들어낸 일종의 가면이었다. 그것은 여자의 생존전략이었고, 또한 '**거짓-자기**false-self'였다. 그 안에 깊숙이 가둬버린 허기진 사자가 어쩌면 여자의 '**진짜-자기** true-self'였을지 모른다. 여자의 사자가 포악했던 건 오랫동안 사랑에 굶주렸기 때문이다. 그 공격성은 박탈당한 사랑을 되찾으려는 열망이었다. 하지만 철저하게 부정당한 '참모습'은 오랫동안 무의식에 갇혀서 무감각하고 무기력한 상태로 견딜 수밖에 없었다. 그것은 마치 산송장과도 같았다.

살아 있는 존재로 깨어나기 위해서는 거짓 가면의 껍질을 깨고, 그 안에서 연약한 참모습(진짜-자기)을 견인해내야 한다. 이것이 가능하려면 증오의 침묵을 깨우고 저항하는 힘이 필요하다. 다시 말해 분노를 죽이지 않고 분노의 불씨가 살아나는 것을 허락해야 한다. 이때 불안이 지배하고 있다면 그 숨은 분노를 드러낼 수 없다. 거짓 가면 속에 살고 있는 참모습은 자신이 안전하다고 느낄 때, 스스로 자신을 드러낸다. 따라서 안전을 만나면서 불안 속에 숨어 있던 분노는 공격성의 힘을 지니고 수면 위로 올라올 수 있다. 이때 공격성은 정신적 에너지가 살아나고 있는 반가운 신호이다. 이처럼 자신의 증오를 포용해줄 수 있어야 눌려 있던 자아가 생기를 회복하면서 성장을 지속할 수 있다.

내 안의 공격성과 대면하기

잃어버린 자신의 야생성을 발견한다는 것은 회복의 시작이기도 하다. 분노의 공격성이 자신을 죽이지 않고 안전한 출구를 찾을 때, 창조의 에너지로 전환될 수 있다. 자기 안에 포박당한 사자, 즉 분노를 인식하고 수용하면 더 이상 자신을 공격할 이유가 없어진다. 공격성은 그 소명을 다했기 때문이다. 오랫동안 억눌린 야생성이 다시 살아나야 뿌리 깊은 무력감에서 빠져나올 수 있다. 따라서 우리는 드러나는 증상 이면의 야생성을 알고, 또 그것과 대면할 수 있어야 한다.

공격성이 건설적으로 살아나기 위해서는 그것을 받아줄 대상도 반드시 필요하다. 권투에서 스파링을 하려면 주먹을 받아주는 누군가가 필요한 것처럼 수비수가 받아주는 만큼 공격수는 자신의 힘을 확인하고, 근육의 맷집을 키울 수 있다. 모든 아이에게 그 첫 번째 스파링 대상은 부모이다. 부모는 아이의 첫사랑인 동시에 증오의 대상이다. 따라서 부모에게 자녀의 공격성은 제거해버릴 게 아니라 부응하고 맞서주어야 한다. 특히 공격성이 가장 중요해지는 청소년기, 부모로서 가장 큰 덕목은 자녀의 분노와 공격성을 제대로 받아주는 일이다.

자녀의 공격성을 제대로 받아주려면 부모에게 공감적 태도와 경계설정이 동시에 필요하다. 공격성 속에 숨어 있는 박탈과 항변의 심정을 제대로 공감해주면서 동시에 부적절한 행동에 대한 한계설정을 해준다는 것은 부모 자신에게도 엄청난 공격성을 요구하는 일이다. 하지만 누군가로부터 공격성이 받아들여져야 자신의 공격성을 드러내볼 수 있고, 그때 드러난 공격성의 실체를 바라볼 수 있다.

아이는 누군가로부터 자신의 분노가 온전하게 받아들여졌을 때, 더 이상 그것을 억압하거나 외면하지 않고, 자신의 것으로 수용할 수 있다. 따라서 죄책감을 느끼지 않고 자신의 분노를 표현할 수 있는 기회를 갖는다는 것은 청소년기 정서발달에서 매우 가치 있는 일이다.

의식적인 파괴가 필요하다

제대로 파괴할 수 있어야 다시 건설할 수 있다. 여기서 '제대로'는 의식적이라는 의미를 담고 있다. 자신의 공격성을 창조하는 힘으로 사용할 수 있으려면 사랑과 증오에 대한 양면성을 모두 인식하고 받아들일 수 있어야 한다. 의식적인 파괴만이 재창조로 이어질 수 있다. 이때 파괴는 단순히 물리적인 공격 행동을 의미하는 것은 아니다. 상대의 의견에 반박하고 논쟁할 수 있는 태도나 선의의 경쟁, 또는 불편한 갈등을 견뎌나갈 수 있는 힘을 의미한다.

알아차리지 못하는 무의식적인 파괴 행동은 그냥 파괴적으로 끝나버릴 수 있다. 자기도 모르게 몸이 부서질 때까지 일을 하거나, 자녀의 학업 성취에 과도하게 집착하거나, 비정상적인 이익 추구에 혈안이 되어 있거나, 혹은 관계로부터 자신을 방어하고 차단하는 데 자신의 본능 에너지를 소진해버리는 것 등이 그런 경우다. 하지만 공격성이 파괴로만 끝나버리지 않는다는 것을 신뢰할 수 있을 때, 그 파괴적인 충동은 현실에서 자신의 삶을 건설하려는 소망으로 발전할 수 있다. 따라서 공격성은 눌러버릴 게 아니라 의식적으로 사용할 수 있어야 한다.

분노의 공격성을 이성적으로 다룰 수 없다면, 몸이 대안이 될 수 있다. 분노라는 압력이 치솟아 오르는 순간, 분노를 이성적으로 판단하고 행동하는 것은 거의 불가능하다. 끓어오르는 에너지를 폭발시키지 않고 의도적으로 사용할 수 있으려면, 먼저 분노의 출구를 열어주어야 한다. 압력솥 물이 끓어오를 때 안전핀을 뽑아주는 것처럼 말이다.

분노라는 압력이 솟아오를 때, 그 힘을 의식적으로 사용하는 가장 효율적인 방법은 바로 신체활동이다. 예를 들어 분노가 차오를 때 그 에너지를 사용하여 자리를 박차고 걸어 나갈 수 있다. 이때 걸어 나가는 행위는 분노 에너지를 몸으로 사용하는 것이고, 정서적 환기를 가져다준다. 또 걷는 것뿐만 아니라 러닝머신을 달리는 것, 산을 오르는 것, 자전거 페달을 밟는 것, 설거지나 청소하기 등 일상에서 몸을 움직이는 모든 활동이 심리적 전환 장치가 될 수 있다. 건강한 사람이라면 정서적 에너지를 전환하는 자기만의 신체활동을 이미 경험하고 있을 것이다. 산책, 조깅, 등산, 바이킹, 킥복싱, 수영, 밸리댄스, 줌바댄스 등과 같은 스포츠 활동은 공격성을 안전하게 해소할 수 있는 출구를 열어준다. 이처럼 분노의 공격성이 출구를 찾아서 나갈 때, 비로소 감정에 대한 새로운 생각이 들어올 수 있다.

내 안의 야생성을 창조적인 삶으로

분노는 창조적 모티브의 원천이 될 수 있다. 예술의 에너지원은 대체로 부정적인 감정으로부터 일어난다. 분노의 질주, 결핍의 상처, 상실의 절망감, 쾌감을 잃어버린 권태, 뼛골까지 사무치는 고독감과 같은 부정적 감정이 불씨가 되어 예술의 창작물로 다시 태어날 수 있다. 처절한 감정들은 어쩌면 예술이 아니고는 심미적인 경험으로 전환되기 어려울 것이다. 그래서 예술이 우리 안에 본능 에너지의 불씨를 촉발시키고, 또 영감을 불러일으키는지도 모른다. 이러한 심리적 전환을 예술적 승화라고 한다. 그 중에서도 춤은 몸을 통한 심리적 전환을 가져다주는 예술이라 할 수 있다. 힙합댄스, 하카댄스, 플라멩코, 살풀이와 같은 춤은 대표적으로 분노를 승화시킨 춤이다. 이처럼 근육에 저장된 파괴적 충동이 갇혀 있지 않고, 안전하게 흘러나올 수 있을 때 창조의 에너지원으로 쓰일 수 있다.

분노의 공격성을 창조적 에너지원으로 사용하려면 우선 본능 에너지가 살고 있는 **몸이라는 집**home으로 돌아올 수 있어야 한다. 몸으로 돌아온다는 의미는 자신의 몸을 자각하는 정신의 기능을 말한다. 다시 말해 자신의 몸에 마음의 귀를 기울여보는 것이다. 몸을 알아야 몸을 사용할 수 있듯이 분노의 감각을 자각할 수 있어야 분노의 에너지를 의식적으로 사용할 수 있다. **몸이 움직이면 정서도 움직인다.** 근육이 움직이면서 긴장감이 방출되고, 막혀 있던 정서도 흘러가면서 자연스럽게 기분이 전환된다.

몸이 나를 위로한다

사랑과 증오는 빛과 그림자와 같은 운명이다. 그림자가 짙을수록 빛이 더 빛나는 것처럼 내면의 공격성을 있는 그대로 바라볼 때, 진정한 자기 감각을 가질 수 있다. 마찬가지로 분노에 대한 자기 감각을 느낄 수 있을 때, 비로소 분노에 대한 조절감도 생긴다. 정신의 건강은 몸과 정신이 통합된 정도를 의미한다. 이는 자신의 모든 감정, 감각, 생각을 생생하게 느끼고 받아들일 수 있는 통합된 상태를 말한다. 다시 말해, 내면에서 일어나는 본능과 충동을 무시하지 않고, 온전하게 받아들이고 책임지는 상태이다.

우리 내면에는 야생동물과 조련사가 함께 조화롭게 살고 있어야 한다. 조련사가 우리 안의 야생성을 따뜻한 시선으로 바라봐줄 때, 상처받은 자아는 창조적인 삶으로 나아갈 수 있다.

몸챙김 연습

몸을 흔들어 깨우기

몸을 털어내는 동작은
지워버리고 싶을 만큼 힘든 기억이나 생각을
관능적인 에너지로 바꿀 수 있다.

분노의 공격성을 관능적으로 다루는 방법으로 춤을 제안해본다. 춤은
몸을 통해 내면의 야생성을 표현하는 예술이다. 우리 안의 본능 에너
지를 생생하게 감각하고 표현하는 은밀한 춤. 이것을 어떻게 시작할
수 있을까. 몸이 너무 오랫동안 우울한 상태에 있었거나 공격성의 에
너지를 도저히 느낄 수 없는 상태라면, 생명의 불씨를 살려내는 것에
서 시작할 수 있다. 즉 몸에서 생명의 불씨를 느껴보는 것이다.
몸이라는 악기에 조율하고, 공명을 느껴보는 것이 연주의 시작이다. 이는 어떤 목적을 가지고 몸을 의도적으로 움직이는 것과는 완전히 다른 접근이다. 존재로서 몸이 본연의 리듬을 공명할 수 있도록 허락해주는 태도를 말한다. 이를 위해서는 의식의 가치판단이나 통제하려는 의지를 내려놓아야 한다. 만약 오랫동안 몸의 악기를 감각하거나 연주해보지 못했다면 외부의 도움이 필요하다. 가장 효과적인 조력은 음악을 사용하여 몸의 악기에 공명해보는 것이다. 음악은 본래 리듬을 가지고 있고, 우리 몸은 본능적으로 음악의 리듬과 조율할 수 있다. 따라서 자연스럽게 움직임의 충동을 불러일으킬 수 있고, 이때 올라오는 원초적인 감정이나 파괴적인 충동이 있다면 모두 환영이다. 모든 감각과 감정은 춤을 출 수 있는 에너지원이기 때문이다.

이제 음악이 준비되었다면, 에너지의 불씨를 되살리는 데 도움이 되는 몇 가지 주제를 사용할 수 있다. 첫 번째 주제어는 '털어내기'다. 이것은 우리 내면의 야생성을 흔들어 깨우는 것과 연결될 수 있다. 털어내기라는 주제어를 따라서 마음대로 몸을 움직여보면 몸을 통한 즉흥 연주가 시작된다. 심리학적 용어로는 몸을 통한 자유연상이다. 자유연상의 핵심은 자기검열이나 가치판단은 보류하고, 오로지 호기심만으로 내적 충동을 따라가는 것이다.

두 번째 주제어는 밀어내기pushing와 당겨오기pulling이다. 밀어내기는 자기영역을 침범하는 모든 것으로부터 자신을 보호하는 힘이며, 당겨오기는 자신이 원하는 모든 것을 적극적으로 유혹하는 힘이다. 이 두 주제어를 기반으로 한 즉흥 춤을 통해 우리는 내면과의 밀당을 탐구해볼 수 있다.

털어내기, 밀어내기, 당겨오기와 같은 주제어는 우리 내면의 공격성을 흔들어 깨우고, 그것을 주도적으로 사용할 수 있는 촉진제이다. 자신을 해하거나 누군가를 해치지 않는 방식으로 우리 내면의 충동과 압력을 몸을 통해 분출해낼 수 있다. 다소 거칠게 나오더라도 괜찮다. 관능적인 내용을 담고 있다면 더욱 좋다. 그 자체로 은밀한 춤이 될 수 있기 때문이다. 그리고 손이 가는대로 한 장의 그림을 그려본다. 떠오르는 이미지가 있다면 형태를 표현해볼 수 있고, 감정을 색으로 담아볼 수도 있다. 이렇게 심상을 그림으로 표현하면 그것은 자신의 본능 에너지를 눈으로 확인하고, 의식화해볼 수 있다. 그 과정 안에서 상상할 수 없었던 영감을 불러일으키고, 창조적 전환을 경험할 수도 있다.

1. 잠자는 야생성 흔들어 깨우기 :
털어내는 리듬shaking rhythms

❶ 먼저 자유롭게 움직일 수 있는 물리적인 공간과 외부로부터 방해받지 않을 수 있는 사적 공간을 확보한다. 내 안의 야생성을 깨울 수 있는 음악과 간단한 그림 도구(종이 한 장과 기본 색채 도구)를 준비한다.

❷ 움직임을 시작하기 전, 두 발바닥이 바닥에 접지하는 감각을 확인하고 자기 몸의 감각을 느껴본다. 심장박동과 호흡은 어떤지, 근육의 긴장감은 어디에서 느껴지는지, 통증이나 불편감이 있는지 등 지금 어떤 충동이 일어나는지 몸의 감각을 알아차려본다.

❸ 음악을 틀고 몸을 통해 털어내기 연주를 시작해본다. 손끝에서부터 시작한다. 음악 리듬에 맞춰 손끝으로 털어내기 즉흥 춤을 시작한다. 리듬의 속도와 강도는 오로지 몸의 감각이 원하는 만큼 선택할 수 있다. 털어내기 리듬은 아주 천천히, 혹은 부드럽게 시작할 수 있고, 또 빠르고 격렬하게도 변화할 수 있다.

❹ 손끝 털기가 충분하다면 어깨로 이동해본다. 어깨로 털어내기 리듬을 시작한다. 그리고 턱 끝, 머리, 척추를 따라 내려와서 골반을 거쳐 무릎이나 발끝까지 차근차근 한 번에 하나의 신체 부위에 집중하여 털어내기 리듬으로 즉흥 춤을 출 수 있다. 음악 리듬에 몸을 맡기고, 리듬의 속도와 강도는 몸의 감각을 따라서 계속 변화할 수 있도록 허락해준다.

❺ 각 신체 부위를 털어내기 리듬으로 움직이면서 떠오르는 감정이나 기억, 이미지가 있다면, 자기에게서 그것들을 모두 털어내는 것을 상상해본다. 먼지를 털어낼 수 있고, 게으름, 무기력, 두려움, 혹은 자신에게

오랫동안 달라붙어 있던 습성이나 걱정, 생각을 털어버리는 것도 상상할 수 있다. 충분하다고 느껴지고, 완결감이 느껴질 때까지 해보는 것이 좋다.

❻ 충분하다고 느껴진다면, 천천히 리듬의 속도와 강도를 줄이면서 움직임이 멈춰질 수 있도록 한다. 움직임이 끝나고 정적인 상태로 돌아오면 다시 몸을 감각해본다. 심장박동과 호흡은 어떤지, 근육의 긴장감은 풀렸는지, 어디서 열감이 느껴지는지 등 시작할 때와 비교하여 몸의 감각이 어떻게 다르게 느껴지는지 확인해본다.

❼ 몸으로 감각한 야생성을 한 장의 그림으로 담아본다. 손이 가는 대로 감각의 형태나 색채가 있다면, 시각적 이미지로 표현해본다. 그림이 완성되면 약간의 거리를 두고 그 이미지를 바라본다. 자신 안에 없는 것은 밖으로 표현할 수 없다. 따라서 이미지로 시각화된 내면의 야생성을 있는 그대로 바라보고, 떠오르는 생각들을 적어본다.

2. 공격성으로 관능의 춤추기 :
밀당의 리듬Pushing & Pulling rhythms

❶ 먼저 자유롭게 움직일 수 있는 물리적인 공간과 방해받지 않을 수 있는 개인 공간을 확보한다. 내 안의 관능성을 깨우는 음악과 간단한

그림 도구(종이 한 장과 기본 색채도구)를 준비한다.

❷ 움직임을 시작하기 전, 두 발바닥이 바닥에 온전히 접지하는 감각을 확인하고, 몸의 감각을 느껴본다. 심장박동과 호흡은 어떤지, 근육의 긴장감이 어디에서 느껴지는지, 통증이나 불편감이 있는지, 어떤 충동이 일어나는지 등 몸의 감각을 알아차려본다.

❸ 음악을 틀고 몸을 통해 밀어내기 연주를 시작해본다. 손바닥부터 시작한다. 음악 리듬에 맞춰 손바닥으로 밀어내기 리듬의 즉흥 춤을 시작한다. 발바닥의 접지감각을 확인하고, 척추의 중심선을 잃어버리지 않으면서 천천히 부드럽게 시작하여 느리지만 강렬한 밀어내기에 도달해본다. 필요하다면 벽이나 바닥을 사용하여 밀어내기를 해볼 수도 있다. 밀어내는 동작을 할 때 내쉬는 호흡과도 연결하여 몸의 중심에서부터 자신의 힘을 온전히 사용해본다. 그리고 밀어내기 리듬을 관능적인 느낌으로도 표현해본다. 동작을 반복하면서 자신만의 밀어내기 리듬을 찾아본다.

❹ 밀어내기 리듬을 하면서 떠오르는 감정이나 기억, 이미지가 있다면, 자신에게서 그것들을 모두 밀어내는 모습을 상상해볼 수 있다. 자신의 바운더리를 침범해 들어오는 시선이나 말, 행동, 혹은 대상이 떠오른다면 자신의 힘을 사용하여 자기영역을 보호하는 것을 상상해볼 수 있

다. 나를 지키기 위해 필요한 밀어내기 리듬이 충분하다고 느껴질 때까지, 완결감이 느껴질 때까지 리듬을 반복해본다.

❺ 이번에는 당겨오기 리듬으로 이동해본다. 발바닥의 접지감각을 확인하고, 척추의 중심선과 연결하여 손으로 당겨오기 리듬의 즉흥 춤을 시작한다. 가볍고 부드럽게 당겨오는 것부터 시작하여 천천히 강렬하게 당겨오기 리듬에 도달해본다. 당겨오기 동작을 할 때는 몸의 중심으로부터 호흡을 잃어버리지 않고, 힘을 온전히 사용해본다. 당겨오기 리듬을 관능적으로도 표현해본다. 관능적인 리듬을 반복하면서 자신만의 당겨오기 리듬을 찾아본다.

❻ 당겨오기 리듬을 하면서 떠오르는 감정이나 기억, 이미지가 있다면, 그것들을 모두 자신에게로 당겨오는 것을 상상해볼 수 있다. 자신이 원하는 시선, 말, 행동, 혹은 대상 등을 유혹해보는 것을 상상해본다. 자신이 원하는 것을 주도적으로 당겨오는 리듬이 충분하다고 느껴질 때까지, 완결감이 느껴질 때까지 리듬을 반복해본다.

❼ 충분하다고 느껴진다면, 천천히 리듬의 속도와 강도를 줄이면서 움직임이 멈춰질 수 있도록 한다. 움직임이 끝나고 정적인 상태로 돌아오면 다시 몸을 감각해본다. 심장박동은 어떤지, 호흡은 어떤지, 근육의 긴장감은 풀렸는지, 어디서 열감이 느껴지는지, 시작할 때와 비교하

몸챙김 연습

여 몸의 감각이 어떻게 다르게 느껴지는 지 확인해본다.

❽ 몸으로 감각한 관능성을 한 장의 그림으로 담아본다. 손이 가는대로 감각의 형태나 색채가 있다면 시각적 이미지로 표현해본다. 그림이 완성되면 약간의 거리를 두고 그 이미지를 바라본다. 자신 안에 없는 것은 밖으로 표현할 수 없다. 따라서 이미지로 시각화된 내면의 관능성을 있는 그대로 바라보고, 떠오르는 생각들을 적어본다.

Bodyfulness

5

존재하지 못하고 수단이 되다

~~~~~~~~~~~~~~~~~~~~~~~~

소비되는 몸

마음이 스스로 멈추지 못할 때,

몸이 멈출 수밖에 없는 일이 일어난다.

사랑받지 못한 몸

알람이 울리면 고단한 몸의 하루가 시작된다. 무거운 몸을 흔들어 깨워서 억지로 끌고 나온다. 각종 화장품으로 피부를 겹겹이 덮고, 머리카락에 열을 가하여 인위적인 모양을 만들고 트렌드에 맞는 옷을 찾느라 분주하게 움직인다. 꾸역꾸역 음식을 입으로 밀어 넣고, 가쁜 호흡으로 이 일 저 일을 하느라 허둥거린다. 바쁜 와중에도 상대의 눈빛과 표정을 살피느라 안구는 쉼 없이 돌아가고, 상대의 시선에 따라 신경계의 각성과 긴장이 일어난다. 기분이 가라앉으면 카페인이나 당분을 쏟아 넣으며 억지로 텐션을 끌어올린다. 잠시 쉬는 사이에도 스마트폰에 몰입된 뇌는 풀가동 중이다. 뇌의 과부화로 몸이 도저히 휴식 상태로 들어가지 못하는 불면의 밤이 찾아오면 술이나 수면제를 입안으로 넣으며 강제로 하루의 셔터를 내린다. 그리고 다시, 치열한 몸의 하루가 시작된다. 이 모든 일상은 반복된다.

이것은 사랑받지 못한 내 몸의 일상이었다. 열등감으로 가득한 몸은 늘 가만히 있지 못했다. 목표를 향해서, 꽉 짜인 일정에 맞춰서, 남보다 뒤쳐지지 않으려고 끊임없이 움직였다. 멈추는 것은 죄악이었다. 부단한 움직임 뒤에는 부족한 나를 향한 부정과 혐오가 그림자처럼 포진해 있었다. 그래서 더 열심히 움직여야 했다. 결핍을 채우기 위해 더 많은 것을 배워야 했고, 열등함을 보상받기 위해 더 좋은 것을 가져야 했으며, 존재를 확인받기 위해 더 강력한 관계가 필요했다. 이렇게 외부 세계에 적응하는 것에 최적화된 몸은 고요하게 존재할 수 없었다. 오직 타인의 시선이 머무는 순간에만 의미 있는 몸이 되었다. **생존을 위해서 존재로서 몸은 죽어야만 했다.**

이렇듯 존재하지 못하는 몸은 끊임없이 소비된다. 거부당하지 않기 위해, 인정받기 위해 몸을 고치고, 몸을 만들고, 몸을 치장한다. 그렇게 외부 시선에 맞춰진 특정한 몸이 되려고 안간힘을 쓴다. 자기 자신으로서 존재하지 못하는 몸은 일중독, 관계중독, 운동중독, 다이어트중독, 성형중독 등 온갖 중독에 빠져서 생존의 수단이 되어간다. 그런데도 자신의 몸을 도저히 있는 그대로 받아들일 수 없다. 그럴수록 몸의 소모를 멈출 수 없다. 멈추지 않는 몸은 존재하지 못한다. 사랑받지 못하는 몸은 사랑받기 위해 점점 더 바쁘게 움직인다. 온통 외부의 인정에만 매달린 몸은 스스로 존재하지 못하고, 소비되고 소모될 뿐이다. 이렇게 수단이 되어버린 몸은 언젠가는 무너지고 만다.

몸이 나를 위로한다

몸이 무너지면 마음도 무너진다

고백하자면 내 삶의 역사에서 몸과 마음이 붕괴되는 사건은 여러 번 찾아왔다. 그것은 항상 몸의 기능이 멈추면서 시작되었다. 어느 날 갑자기 허리를 삐끗하거나 발목인대가 늘어나면서, 또 심장에 이상 신호가 나타나거나 위경련을 일으키면서 몸이 멈추었고, 그럴 때마다 어김없이 나의 멘탈도 함께 무너졌다.

몸이 무너지면 불안과 긴장은 치솟아 오른다. 그러다 결국 정신도 무기력의 나락으로 떨어지고 만다. 그런 순간이 찾아오면 밖으로 향해 있던 시선을 멈추고 어쩔 수 없이 내 안을 들여다보게 된다. '나에게 왜 이런 일이 일어났을까?' 우연을 가장한 모든 일은 어쩌면 우연이 아닐지 모른다. 무의식적으로 일어나는 실수도 잘 들여다보면 그 나름의 목적의미를 가진다. 내 일상이 갑자기 붕괴된 것도 그럴 만한 합당한 이유가 있었다. 의식적으로 몸의 속도를 멈출 수 없을 때, 무의식의 몸이 브레이크를 걸어온 것이었다.

돌이켜보면 나는 오랫동안 미래를 위해서 현재를 치열하게 살아왔던 것 같다. 뭔가를 이루기 위해 전사가 되어야 했고, 그래서 내 삶의 모든 과업은 전투 대상이 되었다. 학창시절, 내 책상 앞에는 '전력투구'라는 문구가 붙어 있었다. 대학입시도 내가 치러야 할 첫 번째 투쟁대상이었다. 나는 이른 아침마다 무거운 몸을 일으켜 세워 새벽 레슨을 받으러 갔다. 등교시간이 되면 이미 지칠 대로 지쳐버린 몸을 스쿨버스에 실었으며, 밤 10시 야간 자율학습 시간까지 이어지는 혹독한 일정도 견뎌내야 했다. 이것은 내 몸에 대한 인권 유린의 시작에 불과했다. 서울로 유학을 왔지만 또 다른 열등감에 사로잡혀서 내 몸을 새로운 전쟁터로 몰아넣었다. 캠퍼스의 낭만을 누리는 것은 나에게 사치라고 여겼다. 두세 개의 아르바이트를 뛰며 장학금을 놓치지 않으려고 부단히 애쓰면서도 늘 내 자신이 부족하다는 느낌이 들었다.

나는 항상 내 모습에 만족할 수가 없었다. 졸업 후 번듯한 직장생활을 시작해서도 안주하지 못하고 다시 새로운 투쟁대상을 만들었다. 이번에는 미국 유학이 목표였다. 퇴근 후 평생 교육원에서 심리학 기초강의를 듣고, 출근 전 새벽에는 영어 학원을 다니면서 전투 같은 삶을 이어갔다. 유학길에 올라서도 목표를 이룬 성취감은 그리 오래가지 않았다. 수업을 따라가는 것만으로도 벅찬 상황인데 이런저런 아르바이트를 해가며 자신을 끝없이 밀어붙였다. 나는 오랫동안 육체적 고통이 곧 정신적인 쾌락이라고 믿으며 나 자신에게 고통을 주는 것을 즐기려고 했다.

그 시절, 왜 나는 스스로를 그렇게 혹사시켜야만 했을까. 부족함을 채우기 위해서, 나를 증명하기 위해서, 누군가에게 인정받기 위해서 나는 항상 뭔가를 더 해야만 한다고 생각했다. 가만히 있으면 정체를 알 수 없는 불안감이 밀려왔고, 뭔가를 하고 있을 때는 그나마 안도감을 느낄 수 있었다. 몸이 부서지더라도 주어진 일을 해내야 했고, 그렇게 내 몸을 희생양 삼아 많은 것들을 이루어갔다. 몸이

몸이 나를 위로한다

아프다고 말하는 소리를 외면한 채로 말이다.

그러던 내 삶에도 꿈을 이루는 결정적 경험이 찾아왔다. 드디어 미국에서 석사학위를 받고, 원하던 직장에서 정규직 심리치료사로 일을 시작하게 되었다. 십 년 동안 쉬지 않고 앞만 보고 달려와서 그토록 원하던 목표를 이루게 되었다. 그런데 나는 행복해졌을까. 결과는 반전이었다. 심장에 이상신호가 나타났고, 원인모를 감염 증상에 시달리면서 끝을 알 수 없을 만큼 깊은 우울감에 빠져들기 시작했다. 그동안 애써 쌓아온 모든 것이 무너지는 느낌이었다. 삶이 외부적으로 가장 찬란하게 빛날 때, 내면적으로는 급속도로 추락하고 있었다. 회복 없는 전력투구가 가져온 결과는 바로 '붕괴'였다. 나는 멈추지 않으면 안 된다는 것을 깨달았다. 스스로 멈출 수 없을 때, 멈출 수밖에 없는 일이 일어난 것이다.

몸의 좌표가 필요하다

멈추어야만 했다. 몸이 멈추면서 일상의 모든 활동도 멈출 수밖에 없었다. 자신이 무엇을 하고 있는지, 어떻게 살고 있는지 깨닫기 위해서는 일단 멈추어야 한다. 그 시기, 나는 절박한 심정으로 명상을 접하며 스스로 멈추는 연습을 시작했다. 처음에는 엄청난 저항이 일어났다. 멈추는 것은 부단하게 움직이며 살아온 오래된 몸의 습성과 부딪쳐 강한 충돌을 일으켰다. 나는 내면에서 일어나는 이 격동을 애써 관망하고자 노력했다. 그 격동을 통과해내는 것 말고는 다른 방법도 없었다. 다시 붕괴 이전의 상태로 되돌아갈 수는 없었기 때문이다. 마치 내 삶의 오랜 전쟁을 끝내기 위해 몸이 더 큰 전쟁을 치르고 있는 것 같았다. 치열하게 내면의 전쟁을 치르면서 나는 나에 대한 중요한 진실 하나를 발견했다.

'나는 나 자신과 고요하게 만나는 것을 견딜 수 없어 하는구나.'

그랬다. 나 자신으로 존재하지 못했고, 그래서 나 자신과 평화로운 시간을 보낼 수 없었다. 늘 밖에서 뭔가를 쫓아가느라 내 의식은 현재에 머무르지 못하고, 불투명한 미래를 바라보며 내 몸을 소비하고 있었다.

오랜 습성이 죽고 새로운 습성을 만들어가는 모든 과정에는 진통이 따른다. 그 과도기 시간은 익숙했던 몸의 일상이 죽고, 새로운 몸의 일상이 창조되는 일상의 공백기이자 심리적 전환점이다. 내 몸은 그런 과도기의 시간을 혹독하게 치르고 있었다.

멈추기 전에는 멈추는 것이 너무나 끔찍한 일이라고 여겼지만 막상 모든 것을 멈추고 나니, 내면에서 어떤 '틈'이 느껴지기 시작했다. 그 틈으로 비로소 숨 쉴 수 있는 공간이 생겼다. 일상에서 내 호흡을 바라보게 되면서 조금씩 마음의 안정도 찾아왔다. 놀랍게도 움직이고 싶은 충동이 내 몸으로부터 일어났다. 이것은 외부의 압력이 아닌 순수하게 자발적인 내면의 동기였다.

명상수련은 자연스럽게 요가로 이어졌다. 요가 시간에도 내 몸의 오랜 습성과 마주했다. 좀 더 나은 자세를 만들기 위해, 남들보다 뒤쳐지지 않기 위해, 안내자의 지시를 완벽하게 따라가기 위해 여전히 내 몸을 소모하려고 했다. 그럴 때마다 다시 내 몸으로 주의를 기울였다. 내 호흡이 어떤지, 어떤 근육이 느슨하고 팽팽한지, 어떤 자세가 불편하고 시원한지 세밀하게 살피기 시작했다. 그러자 돌보지 못한 내 몸에게 안쓰러운 마음이 들었다. 그동안 생존 도구로만 사용했던 내 몸이 하나의 존재로서 다가왔던 것이다. 나는 처음으로 내 몸에게 용서를 구했다. 내 몸과의 관계를 회복하는 역사는 그렇게 시작되었다.

몸을 새롭게 만나면서 무너진 멘탈을 재건하는 작업도 시작했다. 내 삶의 가장 큰 붕괴가 일어나고 십여 년이 지나서야 나는 그 붕괴의 의미를 발견할 수 있었다. 나를 멈추게 했던 '몸의 상해'가 그렇게 끔찍하기만 한 일은 아니었다. 붕괴가 모든 것의 끝이 아니라 새로운 시작이 되었다. 몸이 아프고 멘탈이 붕괴되는 것을 겪으면서 나는 기존의 상태로는 더 이상 존재할 수 없다는 것을 받아들였다. 그것은 굴복이었고, 엄청난 고통이었으며, 또 심리적 죽음을 의미했다. 하지만 무너지는 힘을 받아들였을 때, 신기하게도 새로운 변화의 힘이 일어나기 시작했다.

익숙한 모든 것이 파괴될 때 무질서와 혼란 속에서 새로운 질서가 시작된다. 이는 모든 창조신화의 모티브다. 인간의 마음이 가장 힘들 때 나타나는 보편적인 내러티브가 바로 이것이다. 심리 상담에서 만나는 많은 내담자들은 이러한 붕괴와 혼란의 시기에 지푸라기라도 잡고 싶은 절박한 심정으로 상담실을 찾아온다. 그것은 인생의 전환점이자 새로운 삶의 질서를 만드는 절호의 기회이다.

자신이 가야 할 길을 알기 위해서는 길을 안내해주는 나침반이 필요하다. 트라우마 치료의 대가 베셀 반 데어 콜크는 이를 '**내면의 나침반**'이라고 했다. 그는 극심한 스트레스는 몸과 마음의 분리 상태를 만들고, 자신을 감각하는 내면의 나침반을 상실하게 만든다고 했다. 따라서 회복의 길로 들어가려면 잃어버린 내면의 나침반을 되찾아야 한다. 그 좌표는 바로 몸의 지혜에서 찾을 수 있다. 몸의 좌표는 마음의 상태를 알 수 있는 준거가 되기 때문이다.

명상과 요가는 잃어버렸던 내 몸의 나침반을 되찾게 해주는 시간이었다. 위파사나 명상은 호흡을 준거로 마음을 수행하는 마음챙김 mindfulness의 기원이다. 이때 호흡은 정신이 살고 있는 현재의 몸으로 돌아오게 해주는 나침반 역할을 한다. 요가도 본래 정신수행을 위한 신체 수련이었다. 자신의 몸과 연결되어 있지 않으면, 자기감정을 알아차릴 수 없고, 따라서 자기감정을 다룰 수도 없다. 이렇게 몸의 좌표를 잃어버리면 늘 똑같은 문제에 반복해서 빠져들어 자신의 삶을 온전히 살아갈 수 없다.

몸의 좌표를 가지고 있다는 것은 자기 삶의 기준을 가진 주체가 되는 것을 의미한다. 따라서 타인의 시선과 말이 아니라, 자기 자신이 삶의 준거가 되어야 삶의 주체로서 살아갈 수 있다.

몸의 즐거운 감각을 찾아서

몸을 삶의 준거로 삼으려면 자신의 몸을 편안하게 감각할 수 있어야 한다. 특히 몸에 대한 즐거운 감각을 느끼는 것이 중요하다. 우리가 몸을 떠나는 가장 큰 이유는 고통을 느끼지 않으려고 하기 때문이다. 인간은 본능적으로 불쾌감을 회피하기 위해서 몸을 떠나고, 쾌감을 느낄 수 있을 때 몸으로 돌아온다. 따라서 수치심이나 죄책감을 느끼지 않으면서 몸의 쾌감을 탐색하고 온전히 느낄 때, 자신의 몸과 좀 더 친밀해질 수 있다.

자신의 몸과 친밀해지는 것은 누군가와 친밀해지는 과정과 유사하다. 몸에 가까이 다가가고, 몸이 좋아하는 것을 적극적으로 해보는 것이다. 내 몸은 언제, 어디에서 편안함과 즐거움을 느낄 수 있을까. 사람들은 의외로 화장실, 목욕탕, 산책길처럼 몸이 주체가 되는 공간에서 정신적인 자유로움을 얻는다. 의식이 본능을 방어하거나 누르지 않을 때, 열려 있는 몸으로 돌아와서 자유롭게 생각할 수 있기 때문이다. 바로 그런 순간에 정신적 영감이 일어날 수 있다.

행복은 관념적인 의미로 다가갈 수 없다. 우리는 자신의 몸과 세밀하게 교감할 때 안정감과 충만감을 느낄 수 있다. 행복해지려면 몸의 본능을 잃어버리지 않아야 한다. 몸이 행복해야 마음도 행복할 수 있다. 그래서 몸의 즐거움을 챙기는 일이 곧 행복을 챙기는 일이다.

만약 몸과 가까워지는 것이 어렵게 느껴진다면, 일상에서 쉽게 시도해볼 수 있는 움직임부터 시작하자. 예를 들어 가만히 앉아서 가볍게 흔드는 리듬이 있다. 마치 아기의 요람을 흔드는 것처럼 자신의 몸을 좌우로 흔들어주는 리듬은 자신을 향한 위로가 될 수 있다. 또는 두 팔로 자신의 몸을 꼭 안아주는 것도 시도해볼 수 있다. 이때 자신의 몸을 눌러주는 적당한 압력은 사랑이다. 마치 엄마가 아기를 꼭 안아주는 것처럼 자신의 모성으로 자신을 꼭 안아주는 것은 자신을 향한 보살핌이 될 수 있다.

자신의 몸에서 따뜻하고 편안하며 즐거운 감각을 온전하게 느낄수 있다면, 마음속에 작은 회복의 샘이 생기는 것이다. 노자가 말했다. 기분이 우울하다면 과거에 살고 있는 것이고, 불안하다면 미래에 살고 있는 것이며, 마음이 평온하다면 지금 이 순간을 살고 있는 것이라고. 행복과 평온을 만나기 위해서는 근원으로 돌아가야 한다. 몸의 좌표가 있는 바로 그곳으로….

몸이 나를 위로한다

몸챙김 연습

나무처럼 춤추기

발은 뿌리, 몸통은 줄기, 팔은 가지라고 상상하고
나무처럼 자유롭게 움직여보자.

현재에 존재하기 위해서는 몸의 근원으로 돌아와야 한다. 현존하는 몸으로 돌아올 때, 우리는 자기 감각의 나침반을 가질 수 있다. 몸을 감각하기 위해서는 고요히 멈추어야 하고, 진정으로 그 고요함을 감각하기 위해서는 움직여야 한다. 이때 움직이는 것과 멈추는 것은 대극이자 하나의 쌍이다. 움직임은 근감각을 통해 현존하는 몸을 느낄 수 있는 가장 효율적인 방법이다. 동시에 움직임과 움직임 사이에 정적인 고요를 자각할 수 있어야 한다.

몸챙김 연습

몸을 감각하고 인식하는 데 도움을 받기 위해서 나무의 이미지를 제안해본다. 인간의 몸은 나무로 비유될 수 있다. 발은 뿌리, 척추는 줄기, 팔은 가지가 될 수 있다. 존재하는 몸은 나무와 같다. 나무의 뿌리처럼 사람의 발도 지면과 연결되어 있을 때, 현실을 감각할 수 있다. 나무의 줄기처럼 사람의 척추는 몸통을 지지하는 중심축이고, 몸의 뿌리와 연결된 척추는 스스로 중심을 잡고 설 수 있다. 나무의 가지처럼 팔과 손은 중심축과 잘 연결되어 있을 때, 유연하고 자유롭게 스스로를 표현할 수 있다.

또, 척추를 움직이면서 척추를 하나의 존재로 바라볼 수 있다. 위로는 머리를 받치고, 아래로는 골반을 통해 하체와 연결해주는 척추는 몸의 기둥이다. 이는 심장, 폐, 위, 장 등과 같은 몸의 중심을 관통하는 통로로 척추의 정렬 상태는 호흡기와 순환기에도 영향을 준다.

심리학적 관점에서 머리와 장기를 연결하는 척추는 인간의 본능과 의식을 연결해주고, 생각과 감정을 이어주는 중요한 통로이다. 정서적으로 불안을 느끼면 중심축에 힘이 너무 들어가고, 정서적으로 우울을 느끼면 중심축의 경계가 무너지면서 자연스런 척추만곡의 정렬이 깨지게 된다. 그리고 호흡과 에너지의 흐름도 방해한다. 이렇게 척추의 정렬이 깨지고 머리와 몸통이 서로 차단되고 분리되면, 이성과 본성이 잘 소통할 수 없다.

건강한 나무의 이미지는 인간의 몸과 정신의 건강성을 보여준다. 뿌리 깊은 나무와 같이 인간의 발도 현실에 뿌리를 견고하게 내리고 있을 때, 중심축이 하늘의 정신성을 향해 고양되어 올라갈 수 있고, 현실에서 영성이 조화롭게 통합될 수 있다.

이때 자유로운 나뭇가지와 같은 손은 세상과 소통하고 유연하게 대응하기 위한 자발적 표현을 할 수 있다. 몸의 중심축이 뿌리와 연결되어 제대로 서 있을 때, 존재의 진정한 자신감이 드러난다. 춤을 춘다는 것은 나무와 같은 자신의 몸을 감각하고, 인식하면서 몸과 정신을 통합하는 신체정신 활동이 될 수 있다. 이제 몸의 근원으로 돌아와서 몸과 정신을 연결하는 척추의 춤과 나무의 춤을 배워보자.

1. 척추의 춤 :
중심축의 감각

❶ 맨발로 발바닥을 지면에 붙이고 서본다. 발바닥의 감각을 느껴본다.

❷ 척추를 천천히 움직여본다. 경추(목)에서부터 흉추(가슴), 요추(허리), 천추(천골), 미추(꼬리뼈)를 따라서 내려오면서 33개의 뼈로 구성되어 있는 척추의 관절을 충분히 느껴본다.

❸ 좀 더 세밀하게 척추를 움직여본다. 척추에는 뼈만 있는 게 아니라

몸챙김 연습

근육인대, 혈관, 척수신경 등으로 구성되어 있다는 것을 감각해본다. 근육과 그 아래에 흐르는 혈관을 느끼면서 좀 더 부드럽게 움직여본다.

❹ 척추의 움직임을 좀 더 자유롭게 표현하기 위해 척추동물의 이미지를 떠올려본다. 한낮 따뜻한 햇살아래 한가롭게 기지개를 펴면서 척추 스트레칭을 하고 있는 고양이를 떠올려볼 수 있다. 또, 척추만으로 존재하는 몸으로 땅을 탐색하고 이동하는 뱀이나 코브라를 떠올려볼 수 있다. 꼬리와 머리를 흔들면서 물속을 자유롭게 헤엄치고 다니는 물고기나 돌고래의 척추를 떠올려볼 수도 있다. 그들의 척추가 된 것처럼 자신의 척추를 좀 더 부드럽고 유연하게, 그리고 다양하게 움직여본다.

❺ 척추의 관절, 인대, 혈관을 따라서 세밀하게 움직여보면서 호흡을 연결한다. 근육을 늘릴 때 크게 숨을 내뱉고, 수축될 때 다시 깊게 숨을 마신다. 척추의 스트레칭과 호흡이 조화를 이루게 되면, 척추가 좀 더 유연하고 자유롭게 움직일 수 있다. 그리고 모든 움직임을 멈추고, 고요함 속에 몸의 공명을 느껴본다.

❻ 이번에는 척추의 움직임으로 자유연상을 해본다. 척추로부터 일어나는 움직임 충동을 따라가본다. 척추로부터 시작된, 척추를 위한, 척추가 원하는 대로 춤을 출 수 있도록 허락해준다. 호흡과 함께 척추의 리듬을 찾아본다. 부드럽게 흔들리는 로킹 리듬, 부드럽게 털어내는 흔

들기 리듬, 그네나 파도를 타는 것 같은 스윙 리듬, 좀 더 근육의 힘을 격렬하게 사용하거나, 완전히 이완시켜보는 리듬으로 흘러갈 수도 있다. 어떤 리듬이든 지금 자신의 척추가 가장 충족하는 리듬을 탐색해본다.

❼ 충분히 리듬을 타고 만족스럽게 움직였다고 느껴진다면 움직임을 멈춘다. 움직임이 완전히 정적 상태에 도달하면 고요함 속에서 몸의 공명을 느껴본다. 움직이면서 경험한 척추의 감각을 색, 선, 형태의 시각적 이미지로 표현해본다. 그리고 '나의 척추는 말한다'로 시작하는 한 장의 자유연상 글쓰기를 해본다. 그림을 바라보고 글을 읽어보면서 나의 척추가 전달하는 메시지를 생각해본다.

2. 나무의 춤 :
뿌리, 몸통, 가지의 연결

❶ 맨발로 발바닥을 지면에 붙이고 서본다. 발바닥의 감각을 느껴본다.

❷ 발을 나무의 뿌리라고 상상해보자. 나무의 뿌리처럼 자신의 발이 대지 속으로 깊이 뿌리내릴 수 있도록 발바닥으로 무게를 실어서 접지감각을 확인해본다. 손으로 발등과 발목을 눌러보면서 좀 더 깊숙이 접지감각을 느껴볼 수 있다. 호흡을 내뱉으면서 뿌리가 더욱 깊숙이

몸챙김 연습

내려가는 모습을 상상해보자.

❸ 나의 몸통은 나무의 줄기이다. 발의 접지감각을 통해 몸의 뿌리가 안정적으로 대지와 연결되었다면, 이번에는 몸의 기둥을 연결해보자. 발바닥에서부터 발목, 종아리, 무릎, 골반, 허리, 가슴, 목, 머리에 이르기까지 천천히 관절을 움직이면서 뿌리와 연결된 기둥을 세밀하게 감각해보자.

❹ 몸의 기둥으로 구성된 모든 관절들이 하나도 소외되지 않으면서 연결되고, 배열되도록 움직여본다. 호흡과도 연결해본다. 근육이 수축될 때 숨을 좀 더 길게 내뱉고, 근육을 늘릴 때 좀 더 깊게 숨을 마셔보자. 몸의 기둥은 안정적인 뿌리와 연결되어 있을 때, 견고하면서도 유연하게 움직일 수 있다.

❺ 팔은 나무의 가지다. 몸의 뿌리와 기둥의 연결감을 감각했다면, 이번에는 양쪽 팔을 사방으로 늘려서 뻗어본다. 마치 공기와 바람에 반응하는 나뭇가지처럼 겨드랑이에서 팔꿈치, 팔뚝, 팔목, 손바닥, 손끝까지 부드럽고 섬세하게 움직여본다. 호흡과도 연결하여 좀 더 유연하고 자유롭게 움직여본다. 몸의 뿌리, 몸통, 가지의 연결감과 전체성의 통합을 감각해본다.

❻ 이번에는 나무의 자유연상이다. 자신의 몸이 나무가 되어 나무의 춤을 춘다. 먼저 뿌리로부터 일어나는 움직임 충동을 따라가본다. 그리고 몸의 기둥으로부터 시작된 충동을 따라가본다. 이어서 나뭇가지로부터 일어나는 충동을 따라가본다. 나무의 몸이 원하는 대로 나무의 몸을 위한, 나무의 춤을 출 수 있도록 허락해준다. 호흡과 함께 나무의 리듬을 찾아본다. 어떤 리듬이든 지금 자신의 나무가 가장 충족하는 리듬을 찾아서 탐색해본다.

❼ 충분히 리듬을 타고 만족스럽게 움직였다고 느껴진다면 움직임을 멈춘다. 움직임이 완전히 정적이 상태에 도달하면 고요함 속에 몸의 공명을 느껴본다. 움직이면서 경험한 나무의 감각느낌을 색, 선, 형태의 시각적 이미지로 표현해본다. 그리고 '나의 나무는 말한다'로 시작하는 한 장의 자유연상 글쓰기를 해본다. 그림을 바라보고, 글쓰기를 읽어보면서 몸의 지혜가 보내는 메시지에 대해서 성찰해본다.

몸 챙 김 연 습

"내면의 감각과 평안한 관계를 맺으면,

자신의 몸과 느낌, 자기 자신까지도 오롯이 느낄 수 있다."

- 베셀 반 데어 콜크 정신의학자

마음이 말하지 못하면
몸이 대신 아프다

〰〰〰〰〰〰〰〰〰〰

기억하는 몸

우리는 자기 몸의 탐구자가 되어야 한다.

내 몸은 언제 즐겁고 불편한지,

또, 어떻게 위로받을 수 있는지 관심을 기울여야 한다.

마음의 고통이 몸의 통증으로

불편한 감정을 삼키고 나면 항상 위가 아팠다. 어릴 적부터 그랬다. 나는 마음이 아프다고 말해본 적이 별로 없었다. 내가 느끼는 감정을 어떻게 표현해야 하는지 알 수 없었다. 부모님도 그랬다. 화가 난다거나 실망스럽다거나 두렵다거나 혹은 슬프다고 말하지 않았다. 대신 불편하게 느껴지면 그냥 짜증을 내거나 버럭 화를 내버렸다.

심리적 충격이 밀려오면 그대로 입을 닫아버리기도 했다. 어릴 적부터 아버지가 어머니를 향해 눈을 흘기거나 어머니가 자식들을 향해 일방적으로 감정을 폭발시키는 장면들을 지켜보면서 나는 감정을 드러내는 것은 위험하고, 때론 비극적인 일이라고 생각했다. 그런데 몸이 아플 때는 좀 달랐다. 아플 땐 부모님의 안쓰러운 시선과 관심의 손길 정도는 받을 수 있었다. 그 시선과 손길은 대체로 따뜻하고 부드러웠으며, 때로는 달콤하기까지 했다. 그때부터 나는 아픈 증상이 주는 심리적 이득을 터득해버렸다. 불편한 감정을 몸으로 표현하는 방식을 내 신경계와 장기, 피부로 습득해버린 것이다.

나는 부정적인 감정을 곧잘 삼켜버리곤 했다. 상대에게 말하지 못하고 삼켜버린 감정을 혼자 소화해내느라 고군분투하는 경우가 많았다. 그래서일까. 위장병은 내 오래된 지병이었다. 위장병은 대체로 감정을 삼키면서 유발되는 감정소화불능증이었다.

내담자들도 그랬다. 나는 상담실에서 내담자들의 통증을 자주 만난다. 이들은 일상에서 타인으로부터 받은 불쾌감과 불편감을 고스란히 몸으로 담고 있어도 불안하다거나 화가 난다거나, 혹은 슬프다고 말하지 않았다. 대신 몸이 아프다고 호소했다.

"뒷목이 당겨요." "목구멍이 조여와요." "가슴이 답답해져요."
"바늘로 콕콕 찌르는 것 같아요." "속이 매슥거려요."
"어지러워요." "숨이 잘 안 쉬어져요."

이처럼 느낌을 말로 표현할 수 없는 증상을 **감정인지불능증** Alexithymia이라고 한다. 이것은 감정의 언어를 행동으로 대체하는 증상이다. 불안이나 분노, 슬픔 등 불편한 감정을 근육통, 불규칙한 장운동 혹은 원인을 찾을 수 없는 온갖 신체증상으로 대신 경험하는 것을 말한다.

몸이 나를 위로한다

나 역시 고통을 몸으로 말하는 환자였다. 병원에 가면 스트레스가 원인이라고 말하는 온갖 심인성 증상들을 달고 살았다. 심인성心因性은 심리적 원인으로 신체증상이 생기며, 그 특성상 처방약만으로는 본질적으로 해결되지 않는다. 그래서 내담자들은 고통의 심리적 원인을 찾아서 상담실까지 찾아온다. 심리학에서는 심리적 문제가 신체증상으로 표현되는 이러한 현상을 **신체화**somatization라고 한다. 우리가 진짜 속마음을 말하지 못하면 신체화된 언어, 즉 증상으로 표현하게 된다. 마음의 고통을 말할 수 없으면 몸의 통증으로 드러난다는 의미다. 결국 마음이 아프다고 말할 수 없을 때, 몸이 대신 아픈 것이다.

생존을 위해 몸을 떠나다 : 상처의 조각들

"글쎄요. 잘 모르겠어요. 아무것도 느껴지지 않아요."

사십 대 중반의 남자가 상담시간에 자주 내뱉는 말이다. 살아 있어도 살아 있지 않은 것 같은 무감동한 느낌은 그에게 매우 익숙한 감각이었다. 반면에 그는 지적능력을 사용하는 영역에서는 그런대로 자신의 능력을 발휘하며 살아왔다. 괜찮은 대학을 나와서 번듯한 직장에 들어갔고, 주어진 일과 피상적인 관계도 그럭저럭 견뎌내면서 살아왔다. 그런데 단 한 가지, 남자의 삶에서 막혀 있는 지점이 있었다. 그것은 누군가와 친밀해지는 일이다. 사람과의 친교는 그 어떤 일보다 어려운 문제였다.

누군가와 정서적으로 가까워지면 늘 긴장과 불안이 그림자처럼 따라왔다. 이성과의 관계에서 그 불안과 긴장은 더욱 증폭되었다. 남자는 특히 부정적인 감정을 잘 처리하지 못했고, 또 상대의 특정 자극에 유난히 예민한 반응을 보이기도 했다. 관계에서 이상신호가 느껴질 때면 피부가 가장 먼저 반응했다. 그의 얇은 피부는 홍조와 발진을 일으키면서 불편하다는 신호를 보냈다. 만약 그 피부신호를 애써 무시하면, 어김없이 과민한 장이 묽은 변을 흘려보냈다. 소화되지 않은 불편한 감정을 그렇게 몸으로 표현했던 것이다.

오랫동안 남자는 자신의 감정을 차단한 채, 이성에만 의지하며 절름발이 같은 삶을 살아왔다. 그래서 자기 감각과 감정은 남자에게 알 수 없는, 두려움으로 가득 찬 미개발 영역이었다. 남자가 감정을 외면하면 할수록 본능과 이성의 괴리감은 점점 더 깊어져 갔다. 그렇게 남자의 삶에서 에로스와 로고스의 간극은 닿을 수 없는 먼 강과도 같았다. 남자는 왜 자기감정과 만나는 것이 그렇게 힘들었을까?

현실에서 일어나고 있는 일이 죽을 것처럼 고통스럽게 느껴지면, 살기 위해서라도 감정을 차단해야 한다. 몸이 도망갈 수 없으면, 심리적 도망이라도 감행해야 하는 것이다. 이렇게 정신이 몸을 떠나는 현상을 **해리**disassociation라고 한다. 이는 정신적인 충격으로 몸과 마음이 극심하게 분리되는 현상을 말한다. 이렇게 몸과 마음의 분리가 습관적으로 일어나면, 자신에 대한 감각을 잃어버린다. 또, 현실에 실존하고 있는 자기 자신이 낯설고 이질적으로 느껴지는 **이인증**

depersonalization을 경험하기도 한다.

남자가 몸의 감각을 떠났던 이유는 바로 '고통' 때문이었다. 남자에게 감각차단은 현실의 고통으로부터 도망가는 생존기제였다. 자기감정을 차단해서라도 고통을 피하고 싶은 이유는 과거의 고통이 현재에도 끝나지 않았기 때문이다. 마음의 상처는 감정적 대처가 실패한 흔적이다. 충격적인 사건으로 발생한 감정이 얼어붙어버리거나, 압도된 상태에서 아무런 해결 없이 끝나버린 것이다. 이러한 정서적 동결과 차단은 조각조각 해체된 상태로 남아 있게 된다(그래서 트라우마의 기억은 조각나 있다). 이러한 상처의 조각들은 자신의 감각, 자신의 감정, 자신의 기억으로 수용되지 못한 채, 몸으로 저장되고 신체화되는 것이다.

자신이 느끼고 있는 것을 알아채지 못하면 자신의 느낌을 믿을 수 없고, 또 자신을 온전하게 이해할 수 없다. 현실에서도 계속 같은 문제를 반복하게 된다. 그것은 마치 감정을 삼켜버리고 대신에 위장약 먹는 일을 반복하며 사는 것과 같다. 감정을 차단하면서 일시적으로 고통을 피할 수는 있겠지만, 결과적으로 몸의 소외와 생명력의 박탈이라는 가혹한 대가를 치르게 된다. 끔찍한 감각의 기억을 차단하기 위해서 삶을 온전하게 느끼는 힘마저 잃어버리는 것이다. 이는 마음의 지옥을 피하려다가 마음의 천국으로부터도 영영 멀어지는 것과 같다. 그렇다면 고통을 말하지 못하면 왜 몸이 아픈 것일까?

증상이 몸을 불러들인다 : 몸이 주는 신호

남자는 걷고 싶다. 가만히 앉아 있으면 온갖 문제와 생각의 틀 속에 갇혀 버릴 것 같다. 남자가 걷는다. 결박되어 있던 발이 움직이면서 척추의 조여진 관절과 뻣뻣한 근육이 조금씩 풀리고, 위와 장도 출렁거리기 시작한다. 남자가 계속 걷는다. 혈액순환과 함께 긴장된 감각들도 풀려나오면서 무의식의 상념들도 흘러나오기 시작한다.

남자가 더 걷는다. 숨이 터져 나오고, 성대 근육의 긴장도 느슨해지면서 말문이 트이기 시작한다. 자아의 검열에서 풀려나기 시작한 남자의 이야기는 물처럼 흘러간다. 호흡의 리듬처럼, 걸음의 리듬처럼 그의 이야기 리듬도 자유연상으로 나아간다. 자신의 이야기를 시작하면서 남자의 정서도 함께 움직이기 시작한다. 간혹 흘러나오는 정서를 방해하는 생각이 올라오면 자신의 머리를 좌우로 흔들기도 하고, 먹먹해지는 가슴을 두드리기도 하며, 크게 한숨을 내뱉기도 한다. 마침내 코끝이 찡해지고 눈시울이 붉어지면서 "마음이 아파요"라고 말한다. 그렇게 속마음을 꺼내면서 남자는 그동안 외면하고 차단해왔던 감정을 느끼기 시작한다.

심리 상담이 진행되면서 내담자들이 울음을 터트리거나 화를 내거나, 외로움을 드러내기 시작하면 신체화 증상들도 조금씩 완화된다. 몸으로 담아두었던 감정을 말할 수 있게 되면서 신체증상도 자기소명을 다하기 때문이다. 증상의 소명은 차단되어 있던 몸으로 의식을 돌아오게 하고, 감정과 접촉하도록 요구하는 것이다. 몸을 움직이고 감정을 말하기 시작하면서 신체상body image에도 변화가 일어나기 시작한다. 두 발이 바닥으로부터 견고하게 접지되어 단전에서부터 척추가 세워지고, 눈빛과 안색도 달라진다. 내담자들의 이러한 회복과정을 지켜보면서 몸과 마음은 연결되어 있을 뿐만 아니라 끊임없이 상호작용하고 있다는 것을 어김없이 확인하게 된다.

이런 변화는 내 삶에도 그대로 일어났다. 감정을 말할 수 있는 출구가 서서히 열리면서 묻어둔 감정을 소화시키기 시작했다. 감정을 자각할 수 있는 감각을 되찾고, 감정을 표현하면서 놀랍게도 고질적인 위장병도 사라졌다. 위장병으로 위장한 감정소화불능증은 그렇게 감정과 접촉하여 감정을 소화시켜야만 회복될 수 있었다.

아무리 소외된 몸이라도 아플 때는 처절하게 통증을 감각할 수밖에 없다. 정신분석가 도널드 위니콧은 증상으로서 두통을 신체에 살지 못하고 '머리 안에 위치한 마음'이라고 표현했다. 이때 두통은 마음이 몸으로 돌아가야 한다는 것을 알려주는 경고이다. 이런 의미에서 고통은 소명이다. 자신이 홀대하고 버려둔 상처의 조각들을 되찾으라는 절박한 소명이며, 자신으로부터 소외된 몸속에 다시 생명을 불어넣어야 한다는 것을 알려주는 고마운 신호이다.

그렇다면 감정을 신체화하지 않기 위해서 어떤 노력이 필요할까? 감정에는 언어가 필요하다. 마음속 감정이 언어로 나오지 못하면 몸을 뚫고 행동으로 드러난다. 자신도 모르게 불편한 감정을 삼켜버리거나 폭발시키고, 혹은 이해할 수 없는 일을 벌이거나 과도한 소비를 하면서 무의식중에 행동화한다. 만약 자기감정을 언어로 표현할 수 있다면, 그 감정을 인식할 수 있고 제대로 다룰 수 있다.

그런데 감정을 말할 수 있으려면 감정의 언어를 들어줄 누군가가 필요하다. 특히 압도적이거나 불편한 감정을 말로 꺼내려면 그것을 비난하지 않고 안전하게 들어줄 수 있는 '믿을 만한' 사람이 있어야 한다. 힘든 감정을 꺼내서 이야기하는 것 자체가 감정의 소화 과정이다. 이야기 과정을 거치고 나면 그 감정으로부터 객관적인 거리감이 생기고, 이로써 감정이 주는 유용한 메시지가 무엇인지 깨닫기 시작한다. 이런 의미에서 이야기된 상처는 더 이상 상처가 아니다.

상처를 살아낸 힘을 기억한다 : 몸의 권위

"나는 내 흔적을 애써 보지 않으려 했어요. 흔적으로부터 도망가면서 살아왔어요. 하지만 살아온 흔적이 몸에 남아 있었어요. 그런데도 나는 그 흔적을 제외한 나만이 '나'라고 생각하며 살아왔던 것 같아요."

상담실에서 몸을 움직이면서 감정을 드러내기 시작했던 남자가 조심스레 말을 꺼냈다. 남자는 자신의 흔적에 붙어 있던 감정을 만났고, 이제야 그것을 자신의 것으로 받아들였다. 아파서 외면하고 차단했던 마음의 상처를 몸을 움직이면서 발견하고 받아들이기 시작한 것이다.

마음의 상처가 아직도 고통으로 남아 있다는 것은 제대로 돌보지 못했기 때문이다. 몸으로 새겨진 마음의 상처는 지금도 보살핌이 필요하다고 말하고 있다. 어디로 가야 하는지를 알려면 어디에서 왔고, 어디에 있는가를 알아야 한다. 자신의 흔적을 보지 않으면 그 흔적과 연결된 자신의 이상행동을 제대로 이해할 수 없다. 과거의 고통에 갇혀서 미래의 희망이나 가능성도 찾아볼 수 없다. 하지만 고통의 조각을 받아들이고 나면 자신이 어디에 있고, 어디로 가야 할지 그 너머까지 보이기 시작한다. 돌이켜보면 내 삶의 흔적에도 상처만 있었던 것은 아니었다. 그동안 나는 수많은 고통을 견뎌내었고 스스로 살아남았다. 시련을 겪어낸 사람에게는 반드시 살아남은 힘이 존재한다. 살아남은 힘은 살아갈 힘이기도 하다. 그런 의미에서 **우리는 모두 상처의 피해자가 아니라 생존자다.**

상처의 목적의미는 바로 성장에 있다. 그것은 일차적으로 상처 입은 마음에 주의를 기울이고 보살피는 것이다. 중요한 것은 몸과 마음의 소통이다. 몸이 정신으로부터 분리되면 증상이 몸으로 드러난다. 그렇지만 몸으로 드러나는 증상은 아무리 의식적으로 멈추려고 해도 멈춰지지 않는다. 의식의 노력만으로는 충분하지 않은 것이다. 회복을 위해서는 몸의 도움이 반드시 필요하다. 몸이 말하고자 하는 마음의 메시지에 귀 기울여야 한다. 이는 몸의 증상을 그저 증상으로써 소모하지 않고, 현실을 살아가는 힘으로 사용하기 위해서다.

건강health의 어원은 **온전함**wholeness에서 왔다. 온전함이란 몸과 마음이 분열되지 않고 조화로운 상태를 의미한다. 인간은 몸에서 태어나서 정신을 발달시켜가고, 몸이 건강할 때 정신은 몸에 닻을 내릴 수 있다. 하지만 살면서 마주하는 피할 수 없는 고통은 몸의 감각에도 상처를 새기고, 그 상처의 조각들은 우리의 의식선상에서 부정되고 밀려난다. 결국 전체성이 깨지면서 고통은 자기소명을 가지고 되살아난다. 따라서 우리가 온전함을 회복하기 위해서는 자신의 신체감각과 감정의 관계를 인식하고, **마음이 몸이라는 집home에 살고 있다**는 것을 느낄 수 있어야 한다.

지금 내 마음이 어떤지 궁금하다면, 자신의 몸이 어떤지를 감각해 보아야 한다. 그것은 내 발이 바닥에 제대로 안착해 있는지, 척추는 바로 서있는지, 호흡은 편안한지를 확인하는 것에서 시작할 수 있다. 자신의 몸과 친밀해지는 노력도 필요하다. 우리는 자기 몸의 탐구자가 되어야 한다. 내 몸은 언제 즐겁고 불편한지, 그리고 어떻게 위로받을 수 있는지 등 관심을 기울이고 내 몸을 돌봐야 한다. 이렇게 몸을 소외시키지 않고 인정할 수 있을 때, 자기 몸의 주인으로서 삶을 온전히 책임질 수 있다.

몸챙김 연습

내 몸에 권위를 선사하기

삶의 주인으로 살기 위해서는
내 안의 뜨거운 불을
삶의 에너지로 사용할 수 있어야 한다.

상처 입은 자는 피해자이지만 상처를 견뎌내고 살아남은 자는 생존자
이다. 자신이 생존자임에도 여전히 과거 트라우마 사건의 피해자로 느
껴진다면 그것은 자신의 힘, 권한, 권위를 가해자에게 빼앗긴 상태에
있는 것이다. 이러한 상태를 학습된 무기력이라고 한다. 삶의 피해자가
아니라 주체가 되기 위해서는 그 빼앗긴 권위를 되찾아야 한다. 그리
고 그 권위를 자신의 것으로 감각할 수 있어야 한다. 이성적인 의식만
으로 자신의 권위를 접촉할 수 없다면, 몸으로 접근해볼 수 있다. 자신

의 몸으로 자기 권위를 체험하고, 마음이 그것을 인식할 수 있을 때, 그 것은 체험적 깨달음이 되어 자신의 몸과 마음으로 통합될 수 있다. 자기 근육의 힘을 제대로 느끼고 조절할 수 있다면, 불필요한 내적 긴장과 방어에 사용했던 에너지를 현실을 살아가는 힘으로 전환할 수 있다.

어떻게 내 몸에게 권위를 줄 수 있을까? 우선 움직임을 통해 몸의 권위를 느껴볼 수 있다. 가슴을 활짝 열고, 양 팔을 크게 펼치면서 스스로 위축된다고 느낄 수는 없다. 또, 근육의 강한 힘을 사용하여 자기 목소리를 터트리고 그것을 들으면서 자기 존재에 대한 감각을 부정할 수는 없다. 우리는 무기력할 때, 몸의 힘이 풀리고 기운이 가라앉는다. 반대로 자신감이 생길 때, 발바닥의 힘으로부터 척추가 세워지고, 표정과 눈빛으로도 그 기운이 드러난다. 그리고 몸을 움직이기 시작하면 정서적 에너지도 함께 움직인다. 그렇다면 빼앗긴 권위를 회복하기 위해서 자기 근육의 힘을 사용해보고, 그 감각을 인식함으로써 자기 존재의 힘과 접촉할 수 있다. 이를 위해 움직임으로 자신의 힘을 체험해보는 두 가지 댄스를 제안해본다.

첫 번째, 파워power 댄스는 자신의 근육으로 늘려보기, 비틀어보기, 던지기, 밀어보기 등을 시도하면서 근육의 힘을 감각하고 인식하도록 한다. 자신의 근육을 늘려보면서 견고하고 유연한 근육이 자신의 것임을 느껴본다. 자신의 관절을 비틀어보면서 확장되고 탄력성 있는 관절이 자신의 것임을 느껴본다. 던지기 동작을 반복하면서 던져버릴 수 있는 힘의 주체가 자신이라는 것을 확인한다. 밀어보기 동작을 반복하면서 삶에서 벽과 같이 느껴지는 장애물을 밀어낼 수 있는 힘이 자신에게 있다는 것을 감각할 수 있다. 그리고 자신의 내면에서 떠오르는 권위의 심상을 상상해보고 그것을 표현해보는 것은, 자신의 권위에 대한 체험적 인식이 될 수 있다.

두 번째, 불fire의 댄스는 불이라는 은유적 표현을 통해 자신에게 열정, 열망, 흥분을 불러일으키는 생명력을 감각하도록 한다. 불은 생명을 만드는 사랑의 에너지이자 파괴와 죽음의 에너지가 될 수 있다. 내 안에 불이 있는가, 불이 있다면 그것은 어떤 불인가, 그 불은 살아 있는가, 타버린 재가 되었는가, 나는 내 안에 불을 어떻게 사용하고 싶은가 등은 실존적으로 중요한 질문이 될 수 있다.

1. 몸의 권위 :
파워 댄스Power Dance

❶ 자신에게 에너지를 주는 음악과 그림과 글쓰기 도구를 준비하고, 안전하고 자유롭게 움직일 수 있는 개인 공간을 확보한다. 자신의 내적 감각에 조금 더 집중하고 싶다면 눈을 감을 수 있다.

몸챙김 연습

❷ 맨발로 발바닥을 지면에 붙이고 서본다. 발바닥으로 대지의 단단함을 확인하고, 발바닥에 힘을 주어 지면을 눌러보면서 자신의 몸이 뿌리내리고 있다는 것을 느껴본다.

❸ 음악을 틀고 스트레칭을 시작해본다. 내 몸에서 가장 스트레칭을 원하는 신체 부위에서 시작한다. 내 몸이 어떻게 스트레칭하고 싶은지 안에서 느껴지는 대로 근육을 늘려본다. 내 몸의 욕구를 따라가면서 스트레칭의 방향, 강도와 속도를 변화해본다. 평소 잘 사용하지 않는 근육들도 잊어버리지 않도록 전부 찾아서 스트레칭을 해준다. 스트레칭하는 동안 내쉬는 호흡을 잘 챙기고, 호흡하면서 근육이 늘어나는 감각을 세부적으로 느껴본다. 근육을 움직이는 동안 '이것은 나의 근육이고, 나의 근육은 이렇게 늘어날 수 있다. 나의 근육은 강하고 유연하다'는 것을 인식해본다. 온몸을 충분히 스트레칭했다고 느껴지는 시점에서 멈추고, 정적인 상태에서 자신의 근육이 늘어난 감각을 세밀하게 알아차린다.

❹ 이번에는 관절의 비틀기를 시작해본다. 내 몸에서 가장 비틀어지기를 원하는 관절에서 시작한다. 목, 어깨, 팔, 허리, 골반, 다리 등 내 관절이 어떻게 비틀어지고 싶은지 안에서 느껴지는 대로 시원하게 비틀어본다. 내 몸의 욕구대로 따라가보면서 비틀기의 방향과 강도를 바꾸어본다. 평소 잘 사용하지 않는 관절들도 잊어버리지 않도록 전부 챙

겨본다. 호흡을 놓치지 않고, 내쉬는 호흡마다 비틀어지는 근육의 감각을 세밀하게 느껴본다. 자신의 관절을 비틀면서 '이것은 나의 관절이고, 나의 관절은 이렇게 다양하게 비틀어질 수 있으며, 나의 관절은 강하고 유연하다'는 것을 인식해본다. 온몸의 비틀기 경험이 충분하다고 느껴지면, 움직임을 멈추고 정적인 상태에서 근육과 관절, 호흡의 상태를 감각해본다.

❺ 이번에는 던지기 움직임을 시작해본다. 내 손에서 무언가를 밖으로 던지는 것을 상상해볼 수 있다. 그리고 신체 한 부분씩 이동하면서 던지기 움직임을 시도해본다. 팔을 던지고, 어깨도 던지고, 머리도 던지고, 골반도 던지고, 다리도 던지고, 발도 던지는 등 던질 수 있는 모든 신체부위를 던져본다. 던지기 동작과 함께 내쉬는 호흡을 연결해본다. 내게서 던져버리고 싶은 무언가를 상상하면서 감정이입을 해볼 수 있다. 던지기 동작을 반복하면서 '나에게 던질 수 있는 힘이 있고, 던질 수 있는 자유가 있다'는 것을 인식해본다. 던지기 경험이 충분하다고 느껴지면 멈추고, 정적인 상태에서 현재 몸의 감각과 감정 상태를 알아차린다.

❻ 이번에는 밀어내기 움직임을 시작해본다. 바닥이나 벽을 사용하여 신체의 한 부위를 힘껏 밀어본다. 발바닥으로 바닥을, 등으로 벽을, 손과 발로 바닥을, 두 손은 바닥을 밀면서 동시에 두 발은 벽을 밀어볼 수도 있다. 온몸의 구석구석 모든 신체부위로 바닥 혹은 벽을 힘껏 밀어

몸챙김 연습

본다. 밀어내기의 강도를 조절해본다. 밀어내는 동작과 함께 내쉬는 호흡을 연결해본다. 밀어내고 있는 바닥이나 벽을 밀어내고 싶은 대상으로 상상하면서 감정이입을 해볼 수 있다. 밀어내기 동작을 반복하면서 '나에게는 자신을 지킬 수 있는 힘이 있고, 나를 가로박고 있는 벽과 같은 장애물을 밀어낼 수 있는 힘이 있다'는 것을 인식해본다. 밀어내기를 충분히 경험했다고 느껴지면 멈추고, 정적인 상태에서 현재 몸의 감각과 감정 상태를 알아차린다.

❼ 마지막으로 권위power라고 하는 단어로부터 떠오르는 이미지를 상상해본다. 자신에게 가장 권위 있다고 느껴지는 무언가를 연상해본다. 그것은 자연의 이미지 혹은 동물이나 사람이 될 수 있다. 그리고 떠오르는 이미지를 자신의 몸으로 표현해본다. 그 이미지가 어떤 자세를 하고 있고 어떤 호흡을 하고 있으며, 움직임이 있다면 어떻게 움직일 수 있을지를 몸으로 감각해보고 느껴보면서 계속 탐구해본다. 소리가 있다면 소리를 내어볼 수 있고, 자신이 온전하게 그 권위의 힘이 되도록 허락해준다. 충분히 자신의 몸으로 권위를 경험했다고 느껴지면 멈추고, 정적인 상태에서 현재 몸의 감각과 감정 상태를 알아차린다. 그리고 자신의 몸으로 감각한 권위의 이미지를 그림으로 담아본다. 미리 계획하지 않고 손이 가는 대로 이미지의 색, 선, 그리고 형태를 표현해본다. 그림에 이어서 자유연상 글쓰기도 선택해볼 수 있다. '나의 권위가 말한다'로 시작하는 문장을 시작으로 떠오르는 대로 한 페이지 정

도 멈추지 않고 글쓰기를 해나간다.

❽ 그림을 바라본다. 약간의 거리를 두고 바라볼 수도 있고, 다양한 위치에서 바라볼 수도 있다. 내가 쓴 글을 읽어본다. 권위의 심상과 글을 바라보면서 이 권위는 나의 것인가, 그것은 나의 어떤 면모인가, 그것은 나에게 어떤 심리적인 의미를 가지는가, 그리고 그 내적 심상이 나의 외적 현실에서 어떻게 사용될 수 있는가 등을 질문해본다.

2. 내 안의 불 :
불의 댄스Dance of Fire

❶ 자신에게 불(열정 혹은 사랑)을 떠올리게 할 수 있는 음악, 그림 한 장과 글쓰기 도구를 준비하고, 안전하고 자유롭게 움직일 수 있는 공간을 확보한다. 내적 감각에 깊이 집중하고 싶다면 눈을 감을 수도 있다.

❷ 맨발로 발바닥을 지면에 붙이고 서본다. 발바닥으로 대지의 단단함을 확인하고, 발바닥에 힘을 주어 지면을 눌러보면서 자신의 몸이 뿌리내리고 있다는 것을 느껴본다.

❸ 준비한 음악을 틀고 불의 이미지를 상상해본다. 불의 이미지가 자신 안에서 떠오르기를 기다려본다. 그것은 작은 촛불, 타오르는 모닥

불, 먼 등대, 은은한 달빛, 이글거리는 용광로, 폭발하는 화산, 깜빡이는 신호등, 크리스마스 전구 불빛 등 어떤 불도 가능하다.

❹ 자신 안에서 떠오르는 불의 이미지를 몸으로 표현해본다. 내 몸이 그 불이라고 상상하면서 어떻게 움직이고 싶은지 물어보고, 그것이 움직여지는 것을 허락한다. 그 이미지가 그 나름의 생명을 표현하며 흘러갈 수 있도록 내적 충동을 따라간다. 숨을 불어넣어줄 수도 있고, 숨을 빼줄 수도 있다. 소리가 있다면 소리를 내어볼 수도 있다. 리듬이 있다면 자신의 불의 리듬을 찾아본다. 그 리듬은 불의 춤이 될 수 있다. 불이 되어 자신의 몸으로 불이 추는 춤을 온전하게 느껴본다.

❺ 자신 안에 불을 충분히 경험했다고 느껴지면 멈추고, 정적인 상태에서 현재 몸의 감각과 감정 상태를 알아차린다. 그리고 자신의 몸으로 감각한 이미지를 그림으로 담아본다. 그림을 그린 후 이어서 자유연상 글쓰기를 해본다. '나의 불은 말한다'는 문장을 시작으로 떠오르는 대로 한 바닥 정도 멈추지 않고 글쓰기를 해나간다.

❻ 그림을 바라본다. 약간의 거리를 두고 바라볼 수 있고, 다양한 위치에서 바라볼 수도 있다. 내가 쓴 글을 읽어본다. 불의 심상과 글을 바라보면서 '내 안에 불이 있는가, 불이 있다면 그것은 어떤 불인가, 그 불은 살아 있는가, 그 불은 내 삶에서 어떻게 사용될 수 있을까' 등 질문을 해본다.

Bodyfulness

7

내면의 리듬을 회복하다

〰〰〰〰〰〰〰〰〰〰〰〰

잃어버린 몸

살아 있는 모든 존재는

자기만의 리듬이 있고, 자기만의 춤이 있다.

리듬은 구원이었다

그날은 시골 외갓집 잔칫날이었다. 네 살배기 아이는 낮잠을 자다가 막 깨어났고, 밖에서는 쿵작쿵작 음악소리가 울렸다. 잠에서 깨어난 아이는 홀린 듯 그 소리의 진동을 따라 마당으로 나갔다. 눈앞에 펼쳐진 광경은 놀랍고 황홀했다. 누런 짚으로 엮어 만든 커다란 명석 위에서 온 동네 여자와 남자, 노인과 젊은이, 익숙한 얼굴과 낯선 사람들이 한데 어울려 신명난 춤판이 벌어진 것이다. 아이는 망설임 없이 광기의 인파 속으로 빨려 들어가 자신도 모르게 어깨를 들썩이고, 엉덩이도 씰룩거리며 움직이기 시작했다. 그러자 늘어져 있던 납작한 아이의 몸이 풍선처럼 조금씩 부풀어 올랐다. 마치 몸의 날개를 달고 둥실둥실 떠다니는 느낌이었다. 어느덧 아이는 덩실덩실 춤을 추며 자신만의 리듬을 타기 시작했다. 아이는 그렇게 자신만의 리듬과 접촉하는 법을 알게 되었고, 그때부터 춤추는 걸 좋아하게 되었다. 춤은 죽어 있던 감각을 되살렸고, 깊은 침묵 속에 빠져 있던 몸을 일으켜 깨웠다. 아이에게 춤은 구원이었다.

이것은 춤에 대한 내 첫 기억이다. 심리치료를 공부를 하면서 나는 그 기억의 의미를 조금씩 이해할 수 있었다. 자신의 감각과 차단되어 있던 아이가 우연히 춤을 추게 되면서 자기 몸을 생생하게 느낄 수 있었고, 몸에 갇혀 있었던 에너지를 안전하게 방출할 수 있었다. 음악의 리듬에 몸을 맞추면서, 어른들의 리듬을 따라가면서 아이는 자신의 리듬과 접촉했던 것이다. 이는 마치 식물인간처럼 마비되었던 감각이 척추동물로 다시 깨어나는 마법과도 같았다. 아이에게 그것은 부활과 같은 체험이었다.

평소엔 조용하고 눈에 띄지 않던 아이가 춤을 추기 시작하면 이내 빛을 받으며 주인공이 될 수 있었다. 춤은 불안과 우울을 오고 가며 깨진 리듬을 반복했던 아이에게 자신의 정서를 마음껏 표현할 수 있는 강력한 조절수단이었다. 춤을 출 때 아이는 잃어버렸던 자기 몸의 주인이 되었고, 즐거움을 감각할 수 있었으며, 자신만의 리듬을 느낄 수 있었다.

춤은 리듬이다. **살아 있는 모든 생명은 자기만의 리듬을 갖는다.** 자연의 모든 원리가 탄생, 성장, 소멸이라는 리듬의 주기를 가지듯이 인간의 삶도 리듬을 가진다. 생애 주기의 리듬은 아침에서 밤으로 이동하는 해의 리듬, 초승달에서 보름달까지 이어지는 달의 리듬, 그리고 사계절의 리듬을 반복하면서 나아간다.

인간의 몸도 리듬을 가진다. 몸의 리듬은 심장박동, 맥박, 호흡, 뇌파, 신경계의 파동으로 나타난다. 몸은 스스로 리듬을 만든다. 자율적으로 맥박을 뛰게 하고, 체온과 혈압을 조절하며 신경계의 각성과 이완을 오고 간다. 몸의 리듬처럼 우리의 정신도 자율적인 리듬의 원리를 따른다. 외부 자극에 대해 흥분하거나 가라앉는 감각, 쾌와 불쾌, 즐거움과 지루함, 활동과 멈춤 사이를 오고 가면서 감정의 춤을 춘다. 이렇듯 살아 있는 모든 존재는 자기만의 리듬이 있고, 자기만의 춤을 춘다.

건강도 리듬 속에서 자란다. 생애 초기, 엄마와 아기는 마치 한 몸처럼 서로에게 몰두하고 의존한다. 함께 먹고, 놀고, 쉬고, 잠들면서 일상의 리듬을 만들어간다. 아기는 수유 시간, 배변 시간, 수면 시간, 놀이와 휴식 시간을 반복하면서 규칙적인 생체리듬을 만들어가고, 이 리듬은 아기의 신경계에 고스란히 새겨진다. 이처럼 부모가 제공해주는 반복된 리듬을 경험하면서 아기의 조절시스템은 몸으로 학습되고 몸의 리듬으로 표현된다.

이러한 엄마와 아기의 상호작용은 춤으로 비유할 수 있다. 춤의 기본 스텝을 배우듯이 아기는 모성이 제공하는 환경 안에서 적절히 먹고, 충분히 소화시키고, 즐겁게 놀고, 깊이 잠들면서 생체조절리듬을 배워간다. 이때 춤은 생명의 발로다. 건강한 생명은 춤으로 자기만의 리듬을 표현할 수 있다. 건강한 몸은 심장의 리듬, 호흡의 리듬, 각성과 이완의 자율신경계 리듬이 규칙적으로 순환하면서 자기만의 리듬을 만들어간다. 그러나 극심한 스트레스와 정신적 외상을 겪게 되면 이러한 규칙적인 리듬은 흔들리고 파괴되기 시작한다.

리듬을 잃어버린 몸

오래전, 그날은 내 삶의 리듬이 산산이 부서진 날이었다. "놀라지 말고 들어라." 갑작스러운 숙모의 전화를 받았을 때, 내 귀에 꽂힌 첫 마디였다. 그리고 이어진 한마디에 내 심장은 쿵, 하고 떨어졌다. "아버지가 돌아가셨다." 다리의 힘이 풀리고 손이 부들부들 떨리기 시작했다. 이후 모든 게 암전되었다. 장례식을 치르고 수일이 지난 어느 날, 눈부신 아침햇살을 감각하면서 나는 내면의 리듬을 완전히 잃어버렸다는 사실을 깨달았다. 지금이 몇 시인지, 오늘이 무슨 요일인지, 바깥 날씨가 추운지 더운지, 지금 나는 어디에 있는지, 무엇을 해야 하는지 등 일상의 모든 것을 감각하지 못했다. 그렇게 자기 감지시스템이 마비된 채로 한동안 시간을 흘려보내야 했다. 맛을 느낄 수도 없었고, 억지로 섭취한 음식은 제대로 소화시킬 수 없었으며, 낮에는 잠에 빠진 것 같은 비현실감을 느끼면서도 실상 밤에는 잠들지 못했다. 그날 이후, 섭식, 소화, 배변, 수면, 각성과 이완의 리듬이 모두 깨져버렸다. 그렇게 늘어진 엿가락 같은 상태로 겨우 숨만 붙어 있는, 리듬 없는 일상을 견뎌내고 있었다.

이처럼 극심한 스트레스와 충격은 내면의 리듬을 깨트린다. 몸의 리듬뿐 아니라 정서적 리듬과 일상의 리듬을 모두 파괴한다. 스트레

몸이 나를 위로한다

스는 과도한 각성, 감각의 마비, 긴장, 무감각 등 생체리듬을 깨버린다. 생체리듬이 깨지면 갑자기 심장이 날뛰기도 하고, 숨이 잘 안 쉬어지기도 한다. 또 음식을 소화할 수 없거나, 잠이나 이완으로 들어갈 수 없는 상태에 이른다. 깨진 리듬은 불안과 우울을 오고 가는 감정의 기복으로도 드러난다. 리듬이 깨졌다는 것은 자신의 상태를 예측할 수 없고, 통제할 수 없는 상태를 의미한다. 이러한 불안정한 상태에서는 흥이 일어날 수 없고, 평온하게 친밀한 관계를 맺을 수 없으며, 휴식과 수면을 취하기도 어렵다. 심리적 위기와 혼란으로 상담실을 찾아오는 내담자들은 저마다 이런 리듬이 파괴된 고통을 안고 온다.

"오랫동안 경주마처럼 살아왔어요…. 더 좋은 학교를 가고, 더 많은 돈을 벌고, 더 큰 집을 사고, 더 비싼 명품을 사들이기 위해 쉬지 않고 달려왔어요. 그런데 도대체 무얼 위해서 제 자신을 희생시키면서 숨차게 달려왔는지 모르겠어요…. 그냥 부모 기대에 부응하기 위해 달렸고, 상사의 화살을 맞지 않기 위해 더 달렸고, 남편과 아이들의 요구에 맞추면서 계속 달려왔던 것 같아요. 외부에서 채찍이 가해지면 자동적으로 달려 나가는 게 습성이 되어버렸어요."

상담실에서 늘 뻣뻣한 몸으로 불안한 눈빛을 띠던 사십 대 중반의 여자가 말했다. 자신의 리듬을 잃어버린 여자의 몸은 늘 긴장상태에 있었고, 편히 숨 쉬지 못했으며 쉽게 피로해졌다. 그러다 가끔씩 공허한 상태에 빠지기도 했다. 여자는 자신의 몸 상태나 감정 따위는 전혀 고려해본 적이 없었다. 지금껏 외부 리듬에만 맞추며 사느라 자신의 리듬은 잃어버린 상태였다. 자신을 달리게 하는 버튼은 항상 외부에 있었고, 그래서 자신의 리듬을 알 길이 없었다.

현실을 살아가려면 외부 세계에서 요구하는 속도와 시간을 마냥 외면할 수는 없다. 우리는 자신의 본능을 조절하면서 동시에 가족, 학교, 직장 등 외부에서 요구하는 현실에도 적응해야 한다. 문제는 외부 리듬에 순응하기 위해서 내면의 리듬은 아예 무시하거나 차단하는 데 있다. 타인의 시간, 타인의 욕구, 타인의 정서를 살피느라 정작 나에게 필요한 것은 언제나 무시되고 잊어버린다. 이것은 자기로부터의 소외이고 버림받음이다. 나의 시간, 나의 욕구, 나의 감정을 버려두면 내면의 리듬도 깨지고 병들고 만다.

배가 고프지 않아도 밥 먹을 시간이 되었으니 음식을 꾸역꾸역 쑤셔 넣는다. 마감 일정을 맞추기 위해 카페인과 각성제를 투여하면서 쏟아지는 잠을 참고 몸을 억지로 일으킨다. 남의 감정에 맞춰주느라 정작 자신의 진짜 감정은 마치 없는 것처럼 행동한다. 그러다가 마침내 자신으로부터 '경고장'이 날아온다. 불면, 소화불량, 우울, 불안, 공황 등 갖가지 병고가 찾아온다. 이때 증상은 소명을 갖고 있다. 이는 자신의 깨진 리듬을 되살리고, 자신과의 관계를 회복해야 한다는 위급한 신호이다. 이럴 때는 자신의 몸을 먼저 구원해야 한다.

몸이 나를 위로한다

회복과 평온은 리듬 속에 있다

"이제야 내 안의 시계를 찾은 것 같아요."

경주마처럼 살아왔던 여자가 상담시간에 자신의 호흡을 감각하기 시작하면서 보물이라도 발견한 듯 말했다. 삶의 위기가 들이닥쳐서 상담실을 찾아왔을 때, 삶의 리듬은 깨질 대로 깨진 상태였다. 남편과는 이혼 소송 중이었고, 사춘기 딸은 자해 문제로 치료를 받고 있었으며, 함께 일하던 가까운 동료들과의 관계는 갈등이 고조된 상황이었다. 사십 대 중반을 넘기면서 여자의 몸과 마음은 어디 하나 성한 곳 없이 깨지고 아픈 상태였다. 인생의 모든 면이 제자리에 있지 못한 느낌이라며 여자는 깊은 한숨을 내쉬었다.

"정말 치열하게만 살아왔어요. 하지만 그 시간들은 남의 시계에 맞춰서 살았던 것 같아요. 아내로, 엄마로, 직장인으로 주어진 역할과 과업을 해내느라 쉬지 않고 숨차게 달려왔는데, 정작 나 자신을 위한 시간은 어디에도 없었어요."

다행히 여자는 자기 몸을 탐구하면서 이제야 자신의 깨진 리듬을 발견할 수 있었다. 그리고 몸을 통한 치유작업을 통해 자신의 몸으로 돌아오는 중이었다. 자신이 주도하는 움직임을 통해 여자가 발견한 것은 다름 아닌 '내 안의 시계'였다.

회복은 자신의 리듬을 되찾는 것에서 시작한다. 자기 몸의 리듬을 알지 못하면 외부의 리듬에 강박적으로 의존할 수밖에 없다. 그래서 자신의 내면리듬과 연결되어 있는가는 정신건강에서 중요한 지표이다. 무용동작치료Dance/Movement Therapy의 선구자 블랑쉬 에반은 이를 '**내면의 시계Inner clock**'라고 표현했다. 몸과 마음이 내면의 시계에 따라 움직일 때, 우리는 건강한 삶으로 나아갈 수 있다. 하지만 외부의 시계에만 맞추느라 내면의 시계를 잃어버리면, 그 영향으로 온갖 신경증이 찾아온다. 이때 회복은 내면의 시계와 다시 연결되는 것이다. 내면의 시계란 자기 시간을 아는 것이다. 자신이 언제 먹어야 하고 멈춰야 하는지, 얼마나 소화시키고 쉬어야 하는지, 언제 잠들고 깨어나야 하는지를 감지하는 자기감지시스템이다.

자기 몸을 탐구하면서 내적 리듬을 되찾은 여자는 이제 외부에 덜 휘둘리면서 살 수 있겠다고 했다. 그녀가 발견한 '내 안의 시계'는 바로 몸의 리듬이었다. 여자는 자신의 리듬을 스스로 조절하게 되면서 비로소 평온함을 얻었다.

심리적 안녕감은 리듬 속에 있다. 지금 내가 어떤 상태인지를 알려면, '지금-여기'에 있는 자신의 몸을 감각할 수 있어야 한다. 타인과 소통하기 위해 발달한 것이 언어라면, 자기 자신과 연결되기 위해서 필요한 것은 몸의 감각이다. 자신이 현재 느끼는 욕구와 감정이 무엇인지, 그것을 어떻게 돌봐주어야 하는지를 알아차리기 위해서는 자기 몸에 대한 감각, 즉 내면의 리듬을 느낄 수 있어야 한다.

내면의 리듬이 깨졌다는 것을 아는 순간, 우리는 자신의 리듬을 회복할 기회와 마주한다. 자신의 고통을 전환의 기회로 받아들인다면 내면의 리듬은 얼마든지 다시 회복될 수 있다. 지금까지 갖은 병고를 겪으면서 얼마나 아팠고, 또 무엇이 그렇게 아프게 했는지를 통렬히 되돌아볼 때, 비로소 나 자신을 제대로 돌볼 수 있다. **건강함이란 최적의 리듬을 조율해내는 힘에 있다.** 이것은 내부의 시계와 외부의 시계 사이에서 발생하는 리듬의 차이를 조율하는 능력이다. 자신의 리듬과 세상의 리듬을 조율하면서 자기에게 최적인 리듬을 찾아내는 것이 바로 나를 돌보고 치유하는 일이다. 이처럼 심리치료란 본질적으로 자신의 깨진 리듬, 즉 잃어버린 조절시스템을 회복하는 과정이다(동작치료에서는 잃어버린 조절시스템을 몸으로 다시 배워나간다).

몸의 리듬을 되찾기 위해 필요한 것

행복은 몸의 본능을 떠나서 완성될 수 없다. 이성은 본능과 싸워서 이길 수 없기 때문이다. 금욕주의 상태가 한계에 다다르면 언제든 쾌락추구로 뒤집어질 수 있다. 따라서 의식적으로 멈추려고 해도 멈춰지지 않을 때, 아무리 움직이려고 해도 움직여지지 않을 때 몸의 본능을 챙기는 것이 묘책이 될 수 있다.

본능을 움직이는 두 가지 작용은 쾌의 추구와 불쾌의 회피이다. 이는 생존과 번식을 위한 인간의 자동적인 반응이다. 어쩌면 우리가 본능으로부터 멀어진 탓에 고통이라는 불쾌신호에 너무 사로잡혀 있는지 모른다. 하지만 고통을 피하는 것만으로 행복할 수 없다. 행복은 불쾌신호를 회피하는 데 집중된 주의를 쾌감으로 이동해야 접속될 수 있다. 따라서 자신에게 최적의 리듬을 조율해내기 위해서는 쾌감 스위치를 켤 수 있어야 한다. 이것은 어떻게 가능할까? 예를 들어 내 심장박동과 호흡이 편안해지는 공간을 찾고, 나를 기분 좋게 하는 사람들을 만나는 일 등 일상에서 감각적 기쁨을 자신에게 선사하면서 최적의 리듬을 찾아낼 수 있다.

이것은 새로운 일상의 리듬을 만드는 것에서 시작할 수 있다. 먼저 하루의 리듬이 잘 흐르도록 일상에서 자신만의 리추얼ritual을 만들어보자. 리추얼은 규칙적으로 행하는 의식, 반복적으로 하는 의례적인 행동을 의미한다. 어린 시절 나에게 춤은 깨져버린 리듬을 되찾게 해주는 몸의 리추얼이었다. 춤이란 반복적으로 순환하는 리듬활동이다. 춤을 춘다는 것은 조절된 리듬활동에 참여하는 것이다. 춤을 출 때, 몸의 신경계는 자연스럽게 활성화되고 안정적으로 순환한다. 신경계가 리듬감을 회복할 때, 우리 몸은 온전하게 느낄 수 있는 감각적 통합에 이르며, 자신의 감각과 조율된 상태는 마음의 안정을 가져온다.

리추얼에서 가장 중요한 지점은 몸으로 새기는 것이다. 새로운 리듬이 익숙해질 때까지 반복할 때 변화가 일어난다. **지속하려면 감각적 즐거움이 있어야 한다.** 내 심장이 뛰게 만드는 일, 나를 각성시키는 일, 혹은 나를 평온하게 만들어주는 일, 나에게 위로가 되는 일 등

몸이 나를 위로한다

을 알고 즐길 때, 자기만의 리듬이 다시 살아난다. 이처럼 즐거운 감각을 느낄 수 있는 일상의 리추얼이 새로운 삶의 리듬으로 이어질 수 있다.

하루를 시작하는 내 몸의 리듬은 어떠한가. 기상알람이 울리는 순간 몸을 벌떡 일으켜 세워 억지로 끌고 나가고 있는가. 그렇다면 리듬을 깨는 아침 일상부터 바꿔볼 수 있다. 매일 아침 눈뜨는 순간, 부드럽게 몸의 하루를 시작하기 위해 새로운 모닝 리추얼을 만들어보자. 단 3분이라도 충분하다. 느린 기지개를 켜면서 자신의 몸을 서서히 깨워본다. 이처럼 작은 리추얼 하나로도 오래된 습성을 깨고 하루의 리듬을 새롭게 할 수 있다.

또, 하루를 마무리하는 내 몸의 리듬은 어떠한가. 일상의 끝에서 의식의 흐름을 느슨하게 풀고, 몸이 편안하게 휴식으로 들어갈 수 있도록 자신만의 수면 리추얼을 찾아보자. 요가, 스트레칭, 멍하니 음악 듣기, 혹은 아로마 오일 발라주기 등 자신에게 위로와 이완이 되는 몸의 리추얼을 제공해본다. 온전한 휴식으로 하루를 마무리할 때, 다음 날 하루를 새롭게 시작할 수 있다. 리듬의 시작만큼 끝도 중요하다. 리듬의 시작과 끝은 하나의 쌍이고 서로 이어져 있다. 이 리듬을 반복하면서 몸으로 새겨나가는 것이 곧 삶의 변화로 이어진다.

몸챙김 연습

호흡 리추얼 만들기

심리적 위기상황에서
호흡은 그 출구를 열어준다
호흡은 몸과 마음을 연결하는 문이다.

한 사람의 일생에서 주어진 숨의 총량이 있다고 한다. 숨은 생명의 시작이다. 태어나는 순간, 인간은 자발적으로 숨을 쉬기 시작하고, 그 숨이 다하는 순간이 바로 죽음이다. 누구에게나 주어진 숨의 총량이 있다면, 그것이 바로 그 사람의 일생이자 숙명이라고 할 수 있다. 인간은 태어나는 것을 선택할 수 없듯이 숨의 총량도 선택할 수 없다. 하지만 나에게 주어진 숨을 어떻게 사용할 것인지는 선택 가능한 일이다.

그렇다면 나는 나의 숨, 즉 호흡과 어떤 관계를 맺고 있을까? 호흡은 무의식적인 반응인 동시에 의식적인 반응이다. 외부 자극에 대해 가장 즉각적이고 자동적인 호흡 반응이 무의식적이라면, 의식적인 심호흡은 자극과 반응 사이의 공간을 만들어준다. 변화는 이러한 외부 자극과 내적 반응 사이에서 일어날 수 있다. 자신의 호흡을 알아차리면 무의식적 반응에 대한 자각, 즉 의식화가 가능해지기 때문이다.

호흡에는 리듬을 가진 흐름flow이 있다. 세밀히 감각해보면 숨을 쉴 때, 우리 몸에서는 열리고 닫히는 움직임, 채우고 비우는 움직임, 무너지고 회복하는 움직임이 저절로 일어난다. 또한 호흡은 수축과 이완, 열림과 닫힘, 비움과 채움이라는 움직임의 대극polarity을 오고 간다. 몸과 마음이 편안할 때, 호흡은 조화와 균형감을 가진 리드미컬한 흐름으로 흘러간다. 이때 리듬은 심리적 안녕감의 중요한 신호이다. 스트레스와 긴장은 이 리듬을 깨는 주된 원인이다. 스트레스는 가장 먼저 호흡의 리듬을 깨뜨리며, 불필요한 긴장은 자연스러운 호흡의 흐름을 방해한다. 이럴 때 의식적인 심호흡은 열고 닫기, 채우고 비우기, 무너지고 회복하기 사이를 조율하는 매우 효과적인 방법이다.

긴장과 불안을 다루는 호흡 리추얼을 만들어보자. 본래 리추얼은 불안과 긴장을 다루기 위한 본능적 생존기제에서 생겼다. 오염과 청결에 대한 불안이 일어나면 자신도 모르게 손 씻기라는 행동을 강박적으로 하는데, 이때 손 씻기는 불안을 다루는 리추얼이라 할 수 있다. 잦은 소변보기, 눈 깜빡이기, 다리 떨기, 한숨 쉬기 등과 같은 행동도 본질적으로는 긴장을 다루는 나름의 목적이 있다. 소마틱스Somatics 교육가 프레더릭 알렉산더는 "잘못된 것들을 멈추면 올바른 것들은 스스로 일어난다"고 말했다. 이처럼 자신의 습관을 바꾸려면 먼저 잘못된 습관을 멈추어야 한다. 이는 호흡에서 시작할 수 있다.

호흡 리추얼은 자기방어에 사용하고 있는 불필요한 긴장감을 창의적 긴장감으로 전환할 수 있다. '세 번의 심호흡' 리추얼은 알렉산더 테크닉(스스로 인지하지 못하는 고정된 생각과 행동습관으로부터 벗어나 심신의 조화를 회복하는 기법)에서 제안하는 '속삭이는 아whisper Ah'의 호흡법을 사용한다. 세 번의 심호흡을 3분 동안 이어볼 수 있다면 호흡리듬도 좀 더 깊어지고 안정화에 이를 수 있다.

1. 세 번의 심호흡 :
   속삭이는 호흡법Whisper Breathing

❶ 자리에 앉아 있다면 양쪽 좌골(엉덩이뼈)이 균등하게 의자바닥에 닿는 접지감각을 확인하고, 서 있는 상태라면 양쪽 발바닥이 균형감 있게 바닥에 닿는 접지감각을 확인한다.

❷ 코로 숨을 들이마신 후, 내쉬는 호흡을 하면서 의식적으로 속삭이

듯 '쉬'라는 소리를 내어본다. 턱관절을 자연스럽게 열리도록 허용하고, 성대 근육을 부드럽게 사용하여 마치 아기의 소변을 부르는 소리처럼 '쉬' 소리를 내어본다. 폐에서 공기가 다 빠져나가는 감각이 느껴지면 쥐어짜려는 충동이 일어나기 전에 다시 코로 숨을 들이마신다. 그리고 '쉬' 소리가 조금 더 길게 아래로 떨어질 수 있도록 허용한다. '쉬' 소리와 함께 날숨에 초점을 맞춰서 세 번의 심호흡을 끝까지 마무리한다.

❸ 세 번의 심호흡을 마무리한 후, 호흡리듬을 조금 더 이어가고 싶은 충동이 있다면, 속삭이는 '쉬' 호흡을 3분 동안 반복해본다. 이번에는 호흡하려는 의도를 조금 더 느슨하게 풀어서 호흡의 자율적인 리듬을 따라간다. 날숨의 '쉬' 리듬의 시간과 강도가 어떻게 변화되는지 주의를 기울여본다.

❹ 이번에는 코로 숨을 들이마신 후, 입으로 내쉴 때 속삭이는 '하아'라는 소리를 내어본다. 턱관절을 자연스럽게 열고, 성대근육을 부드럽게 사용하여 마치 유리창에 입김이 서리는 느낌으로 '하아' 소리를 내어본다. 성대로부터 울리는 진동을 감각해보고 소리도 귀기울여보자. 폐에서 공기가 다 빠져나가는 감각이 느껴지면 다시 코로 숨을 들이마시고, '하아' 소리가 조금 더 길게 아래로 떨어질 수 있도록 허용해본다. '하아' 소리와 함께 내쉬는 호흡에 초점을 맞춰서 세 번의 심호흡을 끝

까지 마무리한다.

❺ 호흡리듬을 조금 더 이어가고 싶은 충동이 남아 있다면, 속삭이는 '하아' 호흡을 3분 동안 반복해본다. 이번에는 호흡의 의도를 조금 더 느슨하게 풀어서 '하아' 리듬의 자율성을 따라간다. 날숨의 '하아' 소리의 길이와 크기, 그리고 자신의 몸의 감각과 정동이 어떻게 이동하는지 세밀하게 주의를 기울여본다.

❻ 세 번의 속삭이는 '쉬' 혹은 '하아' 심호흡은 일상에서 긴장이나 불안감이 감지될 때 의식적으로 그리고 반복적으로 사용해본다. 어느 장소든 어떤 시간이든 뭔지 모를 불편감이나 불쾌감이 감지될 때, 세 번의 심호흡 혹은 3분 호흡을 반복적으로 사용해볼 수 있다. 심호흡을 하는 동안 감각적 전환 혹은 정서적 전환이 일어나는지를 알아차린다면 일상에서 매우 유용한 정서조절 도구로 사용할 수 있다.

몸챙김 연습

"마음은 바람과 같고 몸은 모래와 같다.
바람이 어떻게 부는지 알고 싶으면 모래를 보면 된다."

- 보니 코헨 소마틱스 전문가

결핍은 몸에 흔적을 남긴다

~~~~~~~~~~~~~~~~~~~~~~~~

퇴행하는 몸

내면의 리듬에 귀 기울이는 것은

자기위로의 출발이다.

결핍, 채워지지 않는 마음의 상처

여자는 아무것도 그릴 수 없었다. 자신의 삶에서 안전한 공간을 도저히 떠올릴 수 없었다. 마음에 떠올릴 수 없는 것, 상상할 수 없는 것을 그림으로 그릴 수는 없었던 것이다. 안전한 공간을 그려보자는 상담자의 제안에 여자 스스로도 몹시 당황스러워했다. 한참을 망설이다가 겨우 흰색 크레파스 하나를 집어 흰 도화지 위에 희미하게 원을 하나 그려놓았다. 여자가 그림을 그리는 장면을 목격하지 않았다면, 그 원은 쉽게 발견되지 못했을 것이다. 어쩌면 그것은 누구에게도 발견되지 못한, 여자 자신의 존재감과도 닮아 있었다. 여자에게 마음의 안전기지란 거의 존재하지 않았다. 흰색 원은 그런 그녀가 이 세상에서 마음 붙일 단 한 사람이 없다고 말하고 있었다.

　여자는 상담시간에도 자신의 속마음이 드러나는 것을 매우 두려워했다. 그녀는 자신의 감각, 자신의 감정, 그리고 자신의 생각을 알지 못했다. 더 정확히 말하자면 자신의 감각과 감정, 생각을 믿지 못했다. 찡그린 미간, 날선 눈매, 꾹 눌러버린 입술과 바짝 움츠린 어깨는 이런 여자의 두려움을 대신 말해주고 있었다. 그녀는 무엇이 그토록 두려웠던 것일까?

여자는 스스로 이해하지 못하는 자신의 감정이 몹시 두려웠다. 그녀에게 감정 하면 떠오르는 심상은 화산처럼 폭발하는 격노, 쓰나미처럼 밀려오는 공포, 블랙홀 속으로 빠져드는 것 같은 우울, 고슴도치 바늘처럼 서있는 불안과 같이 격동적인 것들뿐이었다. 강렬한 느낌만이 살아 있는 감정으로 느껴졌고, 그렇지 않으면 지루함, 권태로움, 고립감으로 다가왔다. 은은한 충족감이나 차분한 평온감과 같은 정적인 느낌은 그녀에게 낯선 감각일 뿐이었다.

그래서일까. 여자의 감정 대응은 대체로 파괴적이었다. 참을 수 없는 격노를 해소하기 위해서, 또는 아무 일도 일어나지 않는 권태로움을 견딜 수 없을 때면 자신의 손톱으로 피부를 뜯거나 손목을 긋기도 했다. 또, 심리적 허기가 밀려올 때는 폭식으로 공허함을 채우려고 했다. 때로는 독한 술을 들이키거나 강박적으로 자위를 하면서 불안을 해소하려고 했지만 이내 죄책감과 수치심이 밀려와서 견딜 수가 없었다. 그런데도 그 강박적 행동을 멈출 수가 없었다. 이렇게 자신의 몸을 아프게 하면서라도 자신의 마음을 달래보았지만, 심리적 결핍은 채워도 채워지지 않았다. 어쩌면 그 결핍의 구멍은 더 커져가는 느낌이 들었다.

몸이 나를 위로한다

결핍의 신체화

우리는 저마다 결핍이 남긴 상흔을 안고 살아간다. 그리고 그 결핍의 상처는 우리 몸에도 오롯이 새겨진다. 특히 유년기에 겪었던 말로 표현할 수 없는 차별과 폭력의 경험은 고스란히 몸의 상흔으로 남는다. 의식이 기억하지 못하는 상처라도 몸의 무의식은 기억한다. 그리고 말하지 못한 그 마음의 상처를 사신의 몸으로 드러낸다. 어떤 이에게는 피부로, 어떤 이에게는 위장으로, 또 어떤 이에게는 두통으로 말한다. 또 피부가 발진을 일으키고, 운동성을 잃어버린 위가 무력시위를 벌이고, 통제력을 상실한 대장이 아무것도 담지 못하면서 몸은 말하지 못하는 마음의 상처를 기억하고 있을 뿐만 아니라, 증상을 통해 강력하게 항변한다. 이러한 결핍의 상처는 오직 충족되고자 하는 목적을 가지고 계속 몸으로 드러낸다. 언어화되지 못한 그 결핍은 자신도 모르게 신체화로 목소리를 높인다. 누군가가 그것을 오롯이 발견해주고, 해명해줄 때까지 반복적으로 그리고 강박적으로 몸으로 드러내고 몸으로 말한다.

엄마품은 언어가 아니다

시작은 좌우로 몸을 흔들거리는 움직임이었다. 마치 자신의 품에 아기를 안고 있는 엄마처럼 여자의 양 손은 가슴을 향하고 있었고, 몸통에서는 흔들흔들 로킹rocking 리듬이 시작되었다. 그 리듬은 여자의 등을 타고 온몸으로 퍼져나갔고, 마침내 여자의 입에서는 무언가를 빠는 듯한 리듬이 일어났다. 마치 엄마젖을 빠는 아기처럼 입으로도 로킹 리듬이 시작되었다. 그렇게 한참 자기리듬에 몰두하고 있을 무렵, 불현듯 여자의 가슴에서부터 흐느낌이 시작되었다.

그것을 지켜보던 상담자가 다가가서 그녀의 등에 손을 올렸다. 접촉이 일어나는 순간, 흐느낌의 진동은 더욱 격렬해졌고, 어느새 여자는 자신의 두 손으로 가슴을 토닥이기 시작했다. 그것은 마치 울고 있는 아기를 토닥여주는 엄마의 손길과 같았다. 하염없이 흘러내리던 눈물과 흐느낌은 차츰 진정되어갔다. 울음을 그친 후 고개를 들었을 때, 그녀의 얼굴은 마치 배불리 젖을 먹은 아기처럼 충족해 보였다. 그 순간, 여자는 눈시울을 붉히며 말했다.

"엄마품을 처음으로 느껴본 것 같아요···. 그동안 관념적으로만 이해하고 있었던 정서적 접촉이라는 말을 처음 느껴본 것 같아요."

이십 대 후반의 여자는 사실 학습지연행동 때문에 심리 상담을 시작하게 되었다. 지난 수년간 다양한 심리 상담을 받으면서 지연행동과 학습장애의 원인을 분석하고 그 해결방법도 배웠지만 현실로 돌아오면 늘 제자리였다. 여자는 그런 자신이 너무 한심하고 절망스러웠다. 그동안 자신의 어린 시절의 결핍에 대한 이야기를 무수히 반복해왔지만, 결핍을 말하는 것만으로 공허함은 도저히 채워지지 않았다. 여자는 그날 자신의 몸으로 로킹 리듬을 체험한 후, '요람에 누워 있는 아이와 아이를 바라보고 있는 엄마'를 그림으로 표현했다. 그림을 바라보면서 그녀는 자신의 결핍과 마주하게 되었다. 그것은 어린 시절에는 느껴보지 못한 '엄마품'의 결핍이었다.

엄마와 아이는 심리치료에서 가장 본질적이며 중요한 주제다. 이때 엄마와 아이는 물리적 관계라기보다는 심리적 상징을 의미한다. 이는 돌봄과 양육을 제공하는 사랑의 실체이다. 수많은 내담자들이 심리치료 과정에서 자궁, 요람, 인큐베이터, 엄마품과 아기 등의 심상을 그리면서 자신의 결핍을 표현한다. 여자의 결핍도 바로 엄마품이었고, 그 잃어버린 엄마품을 이제야 몸으로 조금씩 만나고 있는 중이었다.

상담실에서 여자는 자신의 안전기지를 만들었다. 벽과 쿠션, 방석, 스카프 등을 사용하여 자신만의 요새를 만들고, 바디삭스body socks(신체양말) 안으로 들어갔다. 그곳에서 자신의 몸을 감각하면서 시작된 리듬은 좌우로 자신의 몸을 흔드는 로킹 리듬이었다. 이것은 생애 첫해, 아기가 엄마젖을 빨고, 엄마가 아기를 달래줄 때 일어나는 가장 보편적인 모성의 리듬이다. 이 리듬을 통해 엄마와 아기는 애착관계를 형성해가고, 이는 몸으로 새겨지고 기억된다. 이처럼 생애 초기, 엄마품은 언어가 아니다.

여자의 마음을 움직인 것은 어떤 '말'이 아니었다. 섣부른 조언이나 설익은 공감이 아닌, 그저 자신의 등을 어루만져주는 누군가의 접촉이 여자의 마음에 와 닿았다. 그녀는 온전하게 자신을 지켜봐주는 누군가의 '**시선**'과 피부로 와 닿는 '**손길**'에서 엄마품을 느낄 수 있었다. 이런 몸의 감각은 어린 시절에는 느껴보지 못했던 어떤 사랑의 결핍이었다. 바로 이것이 그토록 자신에게 절실했던 엄마품의 감각이었다. 중요한 것은 그녀 스스로 모성의 리듬을 제공하면서 자신의 내면아이를 달래주었다는 것이다.

평소 자신의 감정은 거의 외면한 채 충동적으로 폭식을 하거나, 강박적으로 자위행위를 하고, 더욱 절박해질 때면 자기 손목을 긋는 것으로 혼자 감정을 해소해왔던 그녀는 처음으로 편안하게 누군가와 정서적으로 접촉되는 것을 느낄 수 있었다. 접촉과 온기의 감각이 여자의 마음에 와 닿았던 것이다. 지금까지 여자의 섭식 행동과 성적 행동은 모두 애착 행동의 또 다른 모습이었다. 하지만 움직임을 통한 심리 상담에서 엄마품을 느낀 그 순간만큼은 폭발적이거나 파괴적이지 않은 방식으로 누군가와 따뜻하게 연결될 수 있었다. 이후 일상에서도 이 모성의 리듬으로 자신을 조금씩 위로하기 시작했다. 이처럼 결핍을 채우기 위해서는 자신의 결핍을 따뜻한 엄마품으로 만나주어야 한다.

성장을 위해서는 퇴행이 필요하다

친구들이 있는 놀이터 안으로 들어가지 못하고 주변만 맴도는 아이, 외부 소리나 자극에 쉽게 몸이 긴장하거나 얼어붙는 아이, 타인의 시선 때문에 자기 몸의 감각에 집중하지 못하고 계속 공허한 움직임만 만들어내는 아이, 놀고 있는 아이들에게 가고 싶지만 거부당할 것 같아 오히려 시비를 거는 아이.

나는 상담실에서 집단이라는 놀이터를 만들고, 놀이 속으로 들어가지 못하는 수많은 '내면아이'들을 만난다. 자기 몸의 감각에 따라 퇴행이 자유롭게 허락된 이 집단치료의 장에서 이들은 놀고 싶어도 놀지 못한다. 이처럼 퇴행하지 못한다는 것, 그것은 어떤 의미일까?

심리치료에서 퇴행하여 놀 수 있다는 것은 곧 신뢰를 의미한다. 아이가 엄마품에서 심리적으로 안전감을 느낄 때, 다시 말해 신뢰할 수 있을 때 자기 자신을 감각하며 마음껏 놀 수 있다. 내담자 또한 상담자가 제공하는 환경이 안전하게 느껴질 때, 자유롭게 연상하고 내면에서 떠오르는 것을 마음껏 표현할 수 있다. 그래서 안전한 환경을 제공하는 것은 모성의 중요한 기능이고, 이런 안전한 환경에서 놀이는 아이가 살아가는 데 필요한 모든 사회적 능력이 된다. 아이는 놀면서 자신의 정서를 조절하고 관계를 배우기 때문이다. 여기서 놀이란 공격성을 포함한 자신의 본능 에너지를 자유롭게 발현할 수 있는 모든 정서적 활동을 말한다. 따라서 놀 수 있다는 것은 자기 안의 본능 에너지가 살아 있는 상태를 의미한다.

반대로 놀아보지 못한 아이는 내면세계의 흥이 쉽게 깨지고, 활력이 낮은 상태에 머물게 된다. 그래서 **놀이play의 반대는 우울**

depression이다. 어떤 이유로든 내면아이가 결빙되어 있거나 결박당하면 '놀 수 없는' 상태에 머문다. 이때 내면아이의 정서적 결빙을 녹여내고, 결박을 풀어줄 수 있는 활동이 바로 놀이다. 정신분석가 도널드 위니콧은 "노는 것 그 자체가 치료이자 성장과 건강을 촉진하며, 건강의 척도는 아는 능력이 아니라 노는 능력"이라고 했다. 따라서 정서적 결핍으로 나타나는 증상을 회복하기 위해서는 마음껏 놀 수 있어야 하고, 자유롭게 퇴행할 수 있어야 한다. 놀이와 퇴행을 자신에게 허락하면 정서적 결핍으로 인한 상처도 조금씩 녹아내릴 수 있다.

이렇게 놀이를 통해 자신과 타인과의 관계를 해치지 않으면서 자신의 공격성을 마음껏 발산할 수 있을 때, 자신의 감각, 감정, 생각이 모두 통합된 온전한 자기를 느낄 수 있다. 따라서 치유란 놀 수 없는 상태에서 놀 수 있는 상태로 변화하는 과정이라 할 수 있다. 이때 결핍을 채우고 자유롭게 놀기 위해서는 먼저 결핍된 지점으로 퇴행해야 한다. 그리고 누군가의 조력을 받으면서 스스로를 위로하고 달래면서 그 결핍 지점을 통과해낼 수 있어야 한다. 놀이와 결핍의 충족은 결코 관념적으로 경험할 수 없다. 그것은 자신의 몸을 통해 생생하게 체험해낼 때, 가능한 일이다. 즉 자신의 정서를 가지고 진짜 놀이에 온몸으로 참여할 때 결핍은 회복될 수 있다. 그래야 좌절과 충족을 온전하게 통과해내고, 인생의 다음 장으로 넘어갈 수 있다. 그것이 바로 성장을 위한 퇴행이다.

몸이 나를 위로한다

놀 수 있다는 것은 성장한다는 것

엄마품을 만났던 그날 이후, 상담시간에 여자는 자기 안에 있는 다양한 내적 존재를 드러내기 시작했다. 인큐베이터 안에서 절대적 보살핌을 받고 있는 신생아, 엄마에게 다가가고 싶지만 거부당할까봐 옴짝달싹 못하는 아기, 분노를 토해내며 대드는 아이, 상대를 시니컬하게 바라보며 버티고 있는 청소년, 휘파람을 불다가 자신의 음성을 발견하고 목소리를 내기 시작하는 여자 등 드러내지 못했던 다양한 내면의 심상을 감각하고 표현해내기 시작했다. 이러한 심상의 변화는 여자의 내적 회복과 성장과정을 보여주고 있었다.

상담실에서 여자가 표현한 그 모든 존재들은 비난받지 않고 거부당하지 않았다. 있는 그대로 '응시'되자 내부의 존재를 조금씩 드러내면서 여자는 우울과 무기력 상태에서 조금씩 깨어날 수 있었다. 일상생활에서도 자신의 감정을 조금씩 감각하기 시작했다. 전에는 좀처럼 경험하기 어려웠던 일이었다.

자신을 비난하거나 방어하기 위해 사용했던 정신적 에너지를 자기 목소리를 내는 데 사용하기 시작하자, 학습지연행동도 조금씩 잦아들었다. 놀라운 변화였다. 여자의 내적 심상과 상상을 억압하지 않고, 마음껏 표현할 수 있도록 허락한 놀이의 장에서 바로 치유가 일어났던 것이다. 이렇게 놀이의 창조는 여자에게 정서적 차단을 깨고, 자신의 존재를 통합하는 데 유용한 방법이었다. 놀이는 여자의 상상과 현실을 연결해주는 치유의 다리가 되어주었다.

이처럼 놀이는 엄마품의 부재로 인해 생긴 허기를 채울 수 있는 절호의 기회이다. 놀 수 있는 상태로 퇴행하는 것은 자기 자신에게 성장의 기회를 제공한다. 그것은 쪼개지고 잃어버린 자신의 참자기와 화해하고 통합하는 기회이다. 마음이 성장하기 위해서는 반쪽짜리 자신이 아닌, 자신의 전부와 온전하게 소통할 수 있어야 한다. 자신의 전부를 깨우고 생생하게 살려내기 위해서는 죄책감 없이 마음껏 퇴행할 수 있어야 하며, 이때 놀이는 성장을 위한 퇴행이다. 이처럼 놀이는 자신의 내면, 즉 자기 감각과 감정을 만날 수 있도록 길을 열어준다. 진짜 어른이 되려면 무의식에서 억압하는 것들을 끄집어내어 자기 것으로 인정하고, 의식의 영역으로 통합해야 한다. 우리는 자기 자신의 탐구자가 되어 내면 깊은 곳에 있는 소외된 내면아이를 만나야 한다. 자기 자신에 대한 탐구는 용기가 필요하지만 그만큼 가치 있는 일이다. 이 시간을 무사히 통과한다면 한층 성장한 자기 자신을 만날 수 있다.

그렇다면 자유롭게 퇴행하기 위해서는 무엇이 필요할까? 내면아이를 키우려면 엄마품이 필요하듯, 내면아이가 마음껏 놀 수 있으려면 존재 자체를 그대로 지켜봐주는 **엄마의 따뜻한 시선**이 필요하다. 이때 시선은 **관심과 사랑이 담긴 응시**다. 아이의 존재감은 엄마의 응시에 의해 조각되고, 그 응시는 아이가 자기 자신을 바라보는 시선이 된다. 응시하려면 멈추고 침묵해야 한다. 그 어떤 말보다 진정한 교감은 침묵 속 응시에서 나온다. 응시하는 동안 모든 조건을 초

월한 인간적인 관계가 맺어진다. '나'라는 존재는 타인의 응시 속에서 비춰지고 다시 태어날 수 있다. 성장을 위한 퇴행은 이렇게 자기 자신을 온전하게 바라봐주는 누군가의 응시가 있을 때 시작된다. 이 세상에 믿을 만한 단 한 사람이 있다면, 우리는 자신에 대한 믿음과 자기 삶을 쉽게 포기하지 않는다. 그 단 한 사람은 바로 자기 자신이 될 수 있다.

자쾌, 나만의 고유한 쾌락

결핍의 상흔을 통과하기 위해서 필요한 것이 있다. 바로 몸의 모성으로 내면아이가 놀 수 있도록 허락하는 것, 그리고 마음껏 자쾌할 수 있는 것이다. 자쾌自快란 나 자신만의 고유한 쾌락을 말한다. 중독과 같은 의존적인 쾌락이나 스스로 위로하는 자위를 넘어서 내 안에서 내가 만들어내는 나만의 즐거움을 의미한다.

자쾌의 감각을 가질 수 있을 때, 자유는 관념이 아닌 실체가 된다. 타인의 감정이 아닌 자기감정의 주인이 될 수 있을 때, 우리는 진정으로 자유로움을 느낄 수 있다. 이를 위해 나를 먼저 돌볼 줄 알아야 한다. 자신의 결핍은 내버려두고 타인의 결핍을 먼저 돌보는 것은, 자신의 자유를 억압하는 것이며 자신의 존엄을 배반하는 일이다. 따라서 자기 자신을 잘 돌보는 것이야말로 자기 존엄의 시작이라는 것을 우리는 기억해야 한다.

몸챙김 연습

내 몸을 달래주기

엄마가 우는 아이의 몸을 흔들어 달래주듯
자기 몸을 좌우로 흔들어줄 때,
안정감을 느낄 수 있다.

아이를 달래주기 위해 엄마가 제공하는 가장 원초적이고 효과적인 진정제는 아이의 몸을 흔들어주는 행위이다. 이는 귀 가장 안쪽에 위치한, 신체의 균형을 유지하도록 하는 전정기관에 대한 자극이며, 운동감각이나 평형감각, 내장 감각과 같은 내수용interoceptive 감각이자 피부접촉에 대한 촉각 경험이기도 하다.

애착이론을 만든 정신분석가 볼비는 모-아 실험연구를 통해 분당 60회 속도로 아이의 몸을 흔들어줄 때 심장박동수가 현저히 저하되고,

호흡이 규칙적으로 돌아오며 긴장이 풀린다는 것을 발견했다. 이때 모성이 제공하는 흔들기는 아이의 긴장과 불안을 달래주는 양육행동이라고 했다.

흔들기 리듬은 생애 초기 모-아의 애착형성에 가장 중요한 리듬이다. 정신분석가 케스텐버그는 이를 생애 초기 첫 번째 리듬으로 구강기 빠는sucking 리듬이라고 명명했다. 이는 아이가 엄마젖을 빠는 리듬이고, 엄마가 아이의 몸을 흔들어주면서 달래는 로킹rocking 리듬이다. 엄마로부터 달래는 리듬을 적절하게 제공받은 아이는 자신의 신경계에도 새겨져서 이후 엄마 없이 자신의 흥분이나 불안을 달래는 데 자신에게 이 리듬을 사용할 수 있다. 이때 로킹rocking 리듬은 자신을 진정시키는 신체활동이 될 수 있다.

로킹rocking 리듬은 정서조절을 위해 두 가지 방향으로 몸의 신경계에 사용될 수 있다. 하나는 안정화이고 또 하나는 활성화하는 방향이다. 기본적으로 로킹 리듬은 신경계를 달래고 진정시키는 리듬이지만, 리듬의 속도와 강도를 조금 싣게 되면 내장기관을 흔들면서 각성시키는 리듬으로 전환될 수 있다. 장기를 흔들면서 흥분을 불러일으키는 리듬은 무감각하고 무기력한 상태를 깨우고, 정서를 활성화하는 데 도움이 될 수 있다.

로킹 리듬이 속도와 강도가 커지면 스윙swing 리듬으로 전환된다. 스윙 리듬은 마치 그네를 타듯이 혹은 파도를 타듯이 자신의 내적 파동을 좀 더 강렬하게 사용할 수 있을 뿐 아니라 공격성과 같은 내적 에너지를 해소하는 데도 도움이 될 수 있다. 누르거나 피하는 데 에너지를 사용하지 않고, 내적 파동을 가지고 놀 수 있을 때, 파동의 속도와 강도가 커질수록 흥분과 즐거움의 강도도 커진다. 이때 자기 안에서 만들어진 리듬 감각으로 즐거움을 느낄 수 있다면 그것은 자쾌의 리듬이 된다.

중요한 것은 자신의 리듬 감각을 아는 것이다. 놀이와 사랑을 관념적으로 배울 수 없듯이 자신의 리듬도 몸으로 감각해봄으로써 알 수 있다. 따라서 로킹 리듬과 스윙 리듬을 몸으로 제대로 배워보면서 조절할 수 있는 감각을 습득하는 것은 정서조절시스템을 회복하는 일이 될 수 있다.

1. 몸의 모성 만들기 :
달래는 리듬Rocking

❶ 바닥이나 의자에 편안하게 앉는다. 등받이가 있는 의자라면 등받이에서 약간 떨어져서 앉는 것이 좋다.

❷ 양쪽 좌골(엉덩이뼈)이 바닥에 닿는 접지grounding 감각을 느낀다. 좌우로 무게중심을 옮겨보면서 접지감각을 확인한다. 양쪽 좌골의 무게중심이 어느 한쪽으로 기울지 않도록 균등하게 감각되는 지점을 찾는다. 내쉬는 호흡을 하면서 그 지점에 몸을 안착시킨다.

❸ 자신의 양손을 교차하여 두 팔을 감싸 안는다. 마치 아이를 포근하게 안아주는 느낌으로 오른손은 왼쪽 팔을, 왼손은 오른 팔을 깊숙이 감싸고 약간의 압력을 주어서 눌러본다. 어깨와 팔의 힘을 풀고 자신의 양손 압력을 감각해본다.

❹ 좌골의 무게중심을 천천히 좌우로 이동하면서 부드럽게 몸을 흔들어 로킹 리듬을 만든다. 마치 아기의 요람을 흔들 듯이 자신의 몸을 흔들어보고, 요람 속 아기처럼 로킹 리듬을 탈 수 있도록 몸의 힘을 빼고 리듬에 몸을 맡겨본다.

❺ 좌우로 흔들거리는 로킹 리듬을 계속 따라가다 보면 몸의 중심(배꼽 아래 단전)에서 리듬이 시작되고 조절되는 것을 느낄 수 있다. 몸의 중심으로부터 일어나는 추동drive이 리듬의 속도나 강도가 변형될 수 있도록 허락한다. 천천히 시작된 리듬의 속도가 조금씩 더 빨라질 수도 있고, 속도의 흐름과 함께 무게감이 실리면서 리듬의 강도가 더 커질 수도 있다. 리듬이 자연스럽게 흘러가는 것을 감각해본다.

❻ 자신을 감싸고 있는 두 팔은 몸의 중심이 이동하는 리듬의 속도나 강도를 지지해줄 수 있다. 마치 항해를 하는 배의 닻처럼 속도를 올리거나 혹은 강도를 낮추는 데 손의 압력이나 팔의 방향이 영향을 줄 수 있다는 것을 감각해본다. 또한 팔을 토닥이는 리듬도 손이 제공하는 로킹 리듬이 될 수 있다. 팔의 힘을 사용하여 로킹 리듬을 좌우 흔들림에서 전후 흔들림으로 이동할 수도 있다. 또 몸의 중심을 준거로 하나의 원을 그리듯이 방향을 전환할 수도 있다. 어느 방향이든 어느 속도이든 어느 강도이든 자연스럽게 흘러갈 수 있도록 허락하고, 그것을 온전하게 감각해본다. 그리고 감각을 알아차리면서 따라간다.

2. 리듬으로 놀아보기 :
자쾌의 리듬Swing

❶ 두 발바닥을 지면에 딛고 서본다. 이때 두 팔을 벌려서 사방으로 휘저어보고 방해받지 않을 만큼 안전한 물리적 공간을 확보하는 것이 중요하다.

❷ 두 발바닥이 지면에 온전히 닿을 수 있도록 접지되는 감각 grounding을 느낀다. 발바닥의 무게중심을 오른발, 왼발로 이동해보면서 접지감각을 확인해볼 수 있다. 이때 좌우 무게중심이 어느 한쪽으로 기울지 않고, 양쪽 발바닥 전체에 무게가 균등하게 감각되는 지

몸챙김 연습

점을 찾아본다. 내쉬는 호흡을 하면서 그 지점에 몸을 안착시켜본다.

❸ 발바닥 무게중심을 천천히 좌우로 이동하면서 부드럽게 몸을 흔들어 로킹 리듬을 만들어본다. 양팔은 자유롭게 힘을 풀고 리듬을 따라갈 수 있도록 해준다. 이때 양팔은 마치 날개처럼 비행하는 몸체의 리듬에 맞추어 비행하는 행위를 지지해줄 수 있다. 또한 팔의 에너지를 사용하여 몸체의 방향이나 속도, 혹은 강도를 조절하는 데 영향을 줄 수 있다는 것을 감각해본다.

❹ 팔과 함께 좌우로 흔들거리는 리듬을 계속 따라가다 보면 몸의 중심에서 리듬이 시작되고, 그것이 팔의 에너지와 연결되어 방향, 속도, 강도가 전환되는 것을 느낄 수 있다. 리듬의 속도가 조금씩 더 빨라질 수 있고, 속도의 흐름과 함께 무게감이 실리고 리듬의 강도가 더 커지면서 로킹rocking이 스윙swing으로 자연스럽게 전환될 수 있다. 몸의 중심으로부터 일어나는 추동이 팔의 에너지를 통해 리듬의 속도나 강도가 변형될 수 있도록 허락한다. 스윙 리듬은 좀 더 빠르고, 격렬하게, 혹은 좌우로, 전후로, 사선으로, 혹은 원을 그리면서 다양한 방향성으로 진화해갈 수 있다.

❺ 리듬이 자연스럽게 흘러가면서 심장박동과 호흡의 리듬도 달라지는 것을 느껴본다. 그리고 호흡의 리듬을 조금 더 적극적으로 활용한

다. 내쉬는 호흡을 하면서 '후우~' 하고 입을 열고 소리를 내어봄으로써 호흡리듬을 귀로도 들어본다. 날숨과 함께 자연스럽게 발성이 일어날 수 있도록 성대와 입술 근육을 열어서 몸의 소리가 나올 수 있도록 한다. 몸의 리듬을 허밍이나 흥얼거림으로 표현해도 좋다. 몸의 리듬이 소리로 나오면 노래를 부를 수 있다. 자신이 만들어낸 몸의 리듬을 가지고 놀 수 있는 나만의 쾌락을 허락해보자. 내적 추동을 따라가다 보면 마치 아이가 자신의 흥을 마음껏 발현하면서 자유롭게 노는 것을 경험할 수 있고, 자기 자신으로부터 놀라운 경험이 일어날 수 있다.

❻ 리듬의 방향, 속도, 강도에 따라서 자신의 감각과 감정이 어떻게 달라지는지 온전하게 느껴본다. 심장박동이나 호흡이 안정적으로 돌아오는지, 근육의 긴장감이 풀리는지, 불쾌감이 가라앉는지 흔들리는 동시에 바라본다. 부드럽고 잔잔한 로킹 리듬의 반복은 내수용 감각을 달래주면서 진정시켜주고, 조금 더 빠르고 격렬해지는 스윙 리듬은 내수용 감각을 흥분시키고 각성시킬 수 있다. 이 모든 리듬의 변화과정을 두려움 없이 있는 그대로 감각할 수 있다면, 그 리듬의 주인이 자기 몸의 중심에 있다는 것을 알게 될 것이다.

몸챙김 연습

"노는 것 그 자체가 치료이자 성장과 건강을 촉진하며,

건강의 척도는 아는 능력이 아니라 노는 능력이다."

- 도널드 위니콧 정신분석가

성장을 위해 이전 몸을 떠나다

~~~~~~~~~~~~~~~~~~~~~~~~~~~

독립하는 몸

함께 있을 때, 자신의 심장박동을 살펴보면

이 관계가 편안한지 아니면 불편한지 알 수 있다.

독립은 부모의 몸을 떠나는 것

미국으로 유학을 떠나기 얼마 전이었다. 엄마와 나는 TV에서 방영 중인 사이코드라마를 보고 있었는데, 갑자기 엄마가 울음을 터뜨렸다. "니가 떠나면 난 인제 어떻게 사노…." 나는 우는 엄마를 TV 속 한 장면처럼 말없이 바라보았다. 그리고 잠시 코끝이 찡해지고 내장에서 뜨거운 기운이 울컥 솟아오르는 것을 느꼈지만 애써 삼켜야 했다. 나마저 울음을 터트리면 엄마와 함께 무너져버릴 것만 같았던 것이다. 새로운 곳으로 떠나는 발걸음은 한없이 무거웠다. 미지의 세상에 대한 불안감과 함께 엄마를 버려두고 간다는 자책감까지 더해져 내 마음은 더없이 복잡해졌다.

할머니도 눈물을 흘리신 적이 있다. 내가 대학을 가기 위해 서울로 떠나기 얼마 전이었다. 내 짐 보따리를 쳐다보면서 할머니는 크게 한숨을 내쉬며 말했다. "어이구… 이렇게 니가 대학을 가고 나면 곧 시집을 갈 끼고…. 그러면 난 우짤꼬…." 할머니는 더 이상 말을 잇지 못하고 눈물을 훔치셨다. 막내아들 군대 갈 때도 눈물 한 방울 안 보일 만큼 냉정했던 할머니가 손녀와의 이별 앞에서는 한없이 작아졌다. 그런 할머니가 나에게는 엄마를 기다리는 아이처럼 느껴졌다.

이 두 장면은 독립이란 단어와 함께 떠오르는 기억들이다. 엄마와 아빠의 엄마는 내가 그들의 둥지를 떠날 때마다 내 앞에서 아이처럼 울었다. 그 눈물은 떠나야 하는 나에게 묘한 죄책감을 불러일으켰고, 그때마다 내 발목을 잡았다. 그래서일까. 몸은 떠나왔지만 마음은 차마 빠져 나올 수가 없었다. 마음의 둥지를 떠나지 못하고 날개가 꺾여버렸던 것이다. 결국 오랫동안 나도 모르게 엄마들의 감정을 품고 살아왔던 것 같다.

부모 자신의 분리불안은 자식의 심리적 독립에 큰 걸림돌로 다가온다. 떠나보내는 부모가 안심할 수 없으면 떠나가는 아이의 마음은 더욱 불안해지고 복잡해진다. 둥지 밖 새로운 세계를 탐색하는 것에 대한 두려움과 함께 떠나는 것에 대한 자책감, 그리고 떠나는 자신이 버려질지도 모른다는 유기불안까지 떠안고 가야 하기 때문이다.

자식이 성장하여 둥지를 떠나야 할 때, 불안한 부모는 자신의 둥지를 더 크게 키워서 자식을 품안에 가둔다. 그것이 사랑이고 보호라고 여기기 때문이다. 하지만 커져버린 둥지에 주저앉은 자식에게 그 사랑과 보호는 통제이자 간섭으로 다가온다. 그리고 불안한 엄마 곁에서 자식은 그 불안을 먹으면서 자란다. 이처럼 자식의 심리적 성장은 부모로부터 분리 과정과 깊이 연결되어 있다.

성장을 위해 이전 몸을 떠나다

"저는 지금 엄마로부터 독립운동을 하고 있는 것 같아요···. 지금까지 저는 엄마의 불안을 안고, 엄마의 욕망을 꿈꾸며 엄마가 나에게 원하는 삶을 살기 위해 애써왔던 거예요. 이제야 엄마의 세계로부터 떨어져 나와 진짜 내가 원하는 것이 무엇인지 오롯이 내 삶을 찾아가는 과정을 시작한 것 같아요."

몸을 통한 심리작업을 시작했던 한 중년여성은 어느 날 자신의 치유과정을 '독립운동'이라고 명명했다. 남편과 이혼 위기를 겪으면서 여자는 이전과는 다른 삶을 애타게 찾고 있었다. 그 치유과정에는 엄마로부터 독립하지 못한 자신을 대면하는 일이 기다리고 있었다. 그렇다. **심리치료는 대물림을 끊는 일이다.** 부모의 삶이 나를 통해 내 자식으로 이어지는 끈질긴 심리적 탯줄을 자르는 과정이다. 그 대물림을 끊어야 진짜 자신의 삶으로 나아갈 수 있고, 또 자신이 태어난 둥지를 떠나서 심리적 독립의 길로 떠날 수 있다. 심리적 분리 과정이 일시적으로는 엄청난 고통이자 상실이겠지만, 궁극적으로는 자기 성장으로 나아가는 길이다.

독립운동은 위인전에만 존재하는 것이 아니다. 모든 인간의 성장서사 안에는 독립이라는 삶의 과업이 존재한다. 그래서 우리는 모두 자기만의 심리적 독립을 찾아가는 삶의 영웅이라 할 수 있다.

인간은 본질적으로 성장을 향해 나아간다. 우리는 태어나면서부터 누가 가르쳐주지 않아도 성장을 위해 치열하게 움직인다. 저절로 젖을 빨고, 저절로 목을 가누기 위해 안간힘을 쓰며, 저절로 몸을 뒤집기 위해 투쟁한다. 그렇게 스스로 자기 몸을 탐구하면서 세상을 향해 나아간다. 그런데 이 모든 것은 부모가 제공하는 안전기지 secure-base가 있을 때 가능한 일이다.

성장의 길은 부모에게 절대적으로 의존하는 상태에서 상대적 의존을 거쳐서 독립으로 나아가는 내면의 여정이다. 우리는 누구나 젖을 떼고, 기저귀를 떼고, 첫발을 떼면서 부모라는 둥지를 떠날 준비를 해나간다. 인간 발달과정에서 이런 분리의 신호는 심리적 건강과 독립의 중요한 지표가 된다. 가장 초기 분리의 지표는 유년기 미운 세 살 즈음에 출현한다. "나 좀 봐봐" "내꺼야" "내가 할 거야" "내가 할 수 있어." 이렇게 자기 표명을 하면서 아이는 자신의 감각을 확인해간다. 또, 내 것과 내 것이 아닌 것, 나와 대상, 나와 세상 사이의 경계를 희미하게나마 인식하기 시작한다. 이때 부모의 권위에 대항하며 자신의 힘을 표명하는 아이의 고집에 대해 부모 입장에서 불편함을 느끼는 것은 매우 자연스러운 반응이다. 그런데 부모가 자신의 불안감이나 우울감에 빠져 있어서 아이의 감각에 제대로 반응해주지 못한다면 아이는 자신의 감정을 배울 길이 없다. 더 나아가 부모와 아이 사이에 서로의 감정이 뒤섞여 살아가는 무의식적 공모가 일어난다. 따라서 아이 내면에서 올라오는 자율성의 싹을 밟아버리지 않기 위해서는 부모와 아이가 한 몸이 아니라는 것을 감각할 수 있는 물리적·심리적 거리가 반드시 필요하다.

두 번째 심리적 독립운동의 역사는 청소년기에 확연히 드러난다. 청소년기야말로 자신을 발견하는 중요한 시기다. 청소년기 자녀가 자신을 발견하려면 부모로부터 심리적 거리두기가 필수이다. 부모와 자녀 사이에 적절한 거리가 확보될 때, 자녀에게는 자기만의 비밀이 생기고, 부모가 정해준 규칙과 권위에 저항하는 시도들이 가능해진다. 이것은 부모의 둥지를 벗어나기 위해 치열하게 자기만의 날갯짓을 준비하고 있다는 신호이기도 하다. 이 시기 부모가 그어놓은 한계설정에 저항하는 아이의 분노와 공격성은 이후 자신의 인생을 창조해가는 데 힘의 원천으로 쓰일 수 있다.

청소년기에 충분히 청소년다웠는가는 이후 중년기에 이르러 매우 중요한 질문으로 다가온다. 청소년기에 시작한 심리적 독립의 역사는 중년기에도 계속되기 때문이다. 청소년기를 청소년답게 무난히 건너왔다면, 중년기에 맞이할 제2의 사춘기도 순조롭게 겪어낼 수 있다.

"이제야 내 감각이 무엇인지 느낄 수 있을 것 같아요."

심리적 독립운동 중이던 여자는 상담실에서 자신의 몸을 자발적으로 움직여보고 나서 자기 자신을 느끼기 시작했다. 여자는 중년의 위기를 맞고 있었다. 사춘기 딸이 부리는 온갖 말썽으로 심리적 홍역을 치르고 있었는데, 사실 딸의 사춘기 문제는 여자 자신의 사춘기 부재와도 깊이 맞물려 있었다. 여자는 자신의 몸에서 잃어버린 사춘기를 다시 만나고 있었다. 털어내기, 밀어내기, 당겨오기 등과 같은 동작을 통해 몸의 경계를 확보하고, 근육을 사용해야 하는 움직임을 하면서 자신의 잃어버린 사춘기 감각을 되찾고 있었다. 그리고 타인의 감정이 아닌 자신의 감정을 하나씩 배워가기 시작했다.

뇌신경학자들은 감정을 "수의근과 내장으로부터 나오는 피드백의 결과"라고 말한다. 감정은 의식이 들어오기 전에 몸으로 먼저 나타난다. 엄마의 감정을 먹으면서 엄마의 감정을 품고 자라온 여자는 자신도 모르게 엄마의 감정에 갇혀서 자기감정을 감각할 수 없었다. 여자의 감각은 모든 관계에서 그들의 감정을 살피고 맞추는 방식으로 작동되어왔다. 오랫동안 자기 몸에 대한 감각이 차단되어 있었던 탓에 자기감정을 느낄 수 없었던 것이다. 이러한 패턴은 엄마에서 남편으로, 그리고 딸에게로 이어졌다. 심리적 대물림은 그렇게 여자의 삶에 그림자를 드리웠다.

가까운 관계일수록 몸의 거리가 중요하다

히말라야 산맥을 등반하려면 베이스캠프가 필요하듯 아이가 험한 세상을 탐험하러 나가기 위해서는 부모라는 심리적 안전기지가 반드시 필요하다. 이때 안전기지는 아이가 놀라거나 아프거나 힘들 때, 정서적으로 위로해주고 돌봐주는 심리적 기능을 의미한다. 이는 부모가 제공하는 따뜻한 신체접촉, 시선, 미소, 목소리 등을 통해 아이의 몸으로 코딩되고 정신에도 오롯이 새겨진다.

하지만 베이스캠프에 머무는 것이 등반의 목적이 아니듯 부모의 안전기지도 보호와 통제가 본연의 목적은 아니다. 안전기지는 궁극적으로 성장과 독립을 위해 존재한다. 그렇지 않고 부모가 자식의 사적 공간을 너무 과도하게 보호하고 통제한다면, 아이는 전의를 상실하고 무기력해져서 영원히 떠나지 못하는 상태로 남는다. 몸은 어른이 되지만 마음은 키덜트, 즉 '아이-어른' 상태에 머무는 것이다.

몸과 몸 사이에도 거리가 필요하다. 가까운 관계일수록 그 거리가 더욱 중요하다. 친밀감과 거리감은 서로 상충되는 감각이지만, 관계에서 몸의 거리는 서로에게 마음의 울타리가 되어준다. 이를 심리학적 용어로 '**경계**boundary'라고 한다. 경계가 있어야 자신을 보호할 수 있고, 타인의 심리적 경계를 침범하지 않을 수 있다. 또한 타인과의 진정한 교감과 공감도 경계가 있을 때 가능해진다.

반대로 경계가 없는 사랑은 때론 폭력이 될 수 있다. 문제는 '한 몸' 이슈다. 하나의 몸, 하나의 감정으로 느끼고 서로를 바라본다면, 서로의 다른 감정이나 다른 욕구를 발견할 수 없고, 다름과 차이를 존중해줄 수도 없다. 부모-자식 사이에, 부부 사이에, 연인 사이에, 친한 친구 사이에 경계가 없어지면, 서로의 감정이나 욕구가 뒤섞여 버려서 자신도 모르게 침범하거나 침범당하면서도 그것을 알아차리지 못한다. 결국 서로에게 올가미가 되는 것이다.

건강한 관계란 종속이나 통제, 과잉보호 속에서 이루어지는 것이 아니다. 그것은 독립되어 있으나 고립되어 있지 않은 연결된 상태에 있는 것이다. 따라서 나 자신이 독립적으로 살아가기 위해서는 타인과의 몸의 거리를 잊지 않아야 한다. 몸과 몸 사이의 거리를 존중할 때, 그 관계는 건강하게 연결될 수 있다.

그렇다면 우리에게는 얼마만큼의 사적 거리가 필요할까. 부모와 아이 사이, 몸의 거리는 아이의 성장과 함께 계속 자라나야 한다. 미운 세 살의 부모는 아이와 눈을 마주볼 수 있는 정도의 거리를 제공해야 한다. 바로 그 거리에서 아이를 자신의 일부가 아닌 독립된 인격체로 바라볼 수 있다. 아이 역시 부모를 안전기지로 느끼면서 자신의 감각이 이끄는 대로 세상을 탐색하고, 다시 안전기지로 돌아올 수 있다.

이 시기, 부모와 아이 사이에 필요한 몸의 거리는 아이의 주도성을 뒤에서 한 발짝 따라갈 수 있는 위치에 있다. 부모가 허용해주는 이 몸의 거리가 바로 아이의 자율성이 피어나는 심리적 공간이다. 청소년기가 되면 부모로부터 분리된 사적 공간은 훨씬 더 중요해진다. 이 은밀한 사적 공간에서 자녀는 자기 자신과 소통하고, 자기를 마음껏 탐색할 수 있기 때문이다. 따라서 부모는 자식이 성장해가는 동안 자식과의 몸의 거리, 즉 경계의 크기를 키워가면서 자식을 떠나보낼 준비를 해야 한다.

몸이 나를 위로한다

심리적 독립이란 자기 자신의 주인으로 살아가는 것을 의미한다. 우리가 타인의 감정에 노예가 되지 않고, 자기감정에 주인이 되기 위해서는 자기 감각을 아는 것이 중요하다. 아이는 부모로부터 자신의 피부경계를 존중받으면서 자신의 심리적 경계를 알아간다. 만약 부모가 아이의 사적 공간에 충동적으로 다가가거나 철수하면, 아이는 자신의 경계에 대한 감각을 익힐 수 없을 뿐만 아니라, 타인에게 순응하는 감각이나 거짓 자기 감각을 키우게 된다. 다시 말해 자기 내부의 감각이 아닌 외부의 신호에 의존하게 되는 것이다.

이렇게 자기 감각을 신뢰할 수 없으면 관계에서도 거리조절을 주도할 수 없다. 이러한 패턴은 이후 모든 친밀한 관계에도 계속 이어지면서 자신도 모르게 타인에게 통제와 침범을 저지르게 된다. 이때 침범은 주로 권력을 가진 자가 자기보다 약한 사람에게 자신도 모르게 행해진다. 부모가 아이에게 그랬듯이 선생이 학생에게, 선배가 후배에게, 연인이 연인에게 관심과 애정이라는 명분으로 정서적 폭력을 저지른다. 그렇다면 관계에서 안전한 사적 거리는 어떻게 알 수 있을까.

안전감을 주는 몸의 거리

몸은 나와 너 사이의 안전한 거리를 알고 있다. 안전감은 생존에 대한 반응이다. 안전하지 않을 때, 우리 몸은 본능적으로 반응한다. 동공이 커지고, 심장이 뛰고, 호흡이 빨라지며 근육에 힘이 들어간다.

이때 몸은 자동적으로 도망가거나 싸울 태세를 갖춘다. 관계에서 안전한 사적 거리가 확보되지 않을 때, 우리 몸에서는 뭔가 불편한 느낌을 감지할 수 있다. 몸이 굳어버리거나 숨이 편안하게 쉬어지지 않는 답답한 감각이 나타난다. 이는 머리로 이해하기 전, 몸의 반응으로 먼저 느낄 수 있다. 우리는 안전하게 느껴질 때 본능적으로 다가가고 싶고, 반대로 안전하게 느껴지지 않을 때 자동적으로 회피한다. 이처럼 몸의 관점에서 애착이란 이러한 안전-조절체계를 기반으로 한 접근과 회피반응이라고 할 수 있다.

따라서 '뭔가 불편한 느낌'이 주는 몸의 신호를 무시하면 우리는 타인의 정서적인 침범을 무방비 상태로 당하거나 자신도 모르게 타인의 감정을 침범할 수 있다. 반대로 안전한 사적 거리를 확보하고 있을 때, 두 가지 느낌을 확인할 수 있다. 그것은 바로 편안함과 즐거움이다. 편안함과 즐거움을 느낄 때, 정서적으로는 편안한 흥분각성 상태, 혹은 편안한 이완상태에 놓인다. 몸에서는 자연스럽게 눈맞춤이 일어나고 안면근육이 자유롭게 움직이며, 무엇보다 심장이 규칙적으로 뛰면서 편안하게 숨 쉴 수 있다. 이렇듯 안전한 사적 거리가 확보될 때, 우리는 편안하게 흥분할 수 있으며, 자연스럽게 놀이가 일어날 수 있다. 관계에서도 자유로운 정서적 교감과 능동적인 소통이 가능해진다.

심리치료에서 치유와 회복은 내담자가 자신에게 필요한 안전감을 확보하는 것에서 시작된다. 안전하게 느낄 때, 우리는 내면 깊숙이 묻어둔 고통의 목소리를 꺼낼 수 있다. 나의 고통이 누군가에게 안전하게 공명될 때, 치유적인 체험과 함께 고통의 의미도 발견할 수 있다. 이때 안전한 거리는 서로에게 편안하게 맞춰져야 한다. 누구나 각자 살아온 몸의 역사가 다르듯 안전한 거리에 대한 감각도 다르기 마련이다. 심리치료에서는 이러한 거리조절을 '**관계의 댄스**'라고 한다(관계의 역동은 부모와 자녀 사이 거리조절 댄스에서 그 원형이 시작된다).

숨 막히는 거리가 아닌, 숨 쉴 수 있는 거리

건강한 두 사람 사이에 안전한 사적 거리는 고무줄처럼 늘어나거나 줄어들 수 있는 유연성이 있다. 하지만 누구나 정서적으로 취약해지면 자기방어를 하기 마련이다. 경계가 과도하게 경직되면 다가갈 수 없게 만들거나 밀어내는 방식으로 드러나고, 경계가 희미해지면 과도하게 밀착되는 방식으로 드러난다. 자아 기능의 취약성은 결국 경계에 대한 취약함이기도 하다. 따라서 건강한 경계를 회복하려면 상담자는 내담자의 안전기지가 되어주어야 하고, 내담자는 자신의 안전한 사적 거리를 조절할 수 있는 주도권을 갖고 있어야 한다.

결국 심리적 독립은 자기 몸의 독립과 함께 시작된다. 몸의 감각을 잃어버리지 않았다면, 몸은 이미 안전한 사적 거리를 알고 있을 것이다. 시인 칼릴 지브란은 "함께 있되 거리를 두라. 그래서 하늘 바람이 너희 사이를 춤추게 하라"고 말했다. 친밀한 관계일수록 거리가 필요하다. 가까운 관계일수록 숨 쉴 수 있는 거리가 필요하다.

안전한 사적 거리가 관계를 건강하게 지켜준다. 두 사람 사이에 안전한 사적 거리는 편안하게 숨 쉴 수 있는가에 있다. 숨 막히는 관계가 아니라 편안하게 숨 쉴 수 있는 거리가 곧 심리적 자유다. 따라서 우리는 자신의 사적 거리를 침범하는 모든 것에 저항할 수 있어야 한다. 자신의 사적 거리를 지키는 것은 나의 존엄을 지키는 일이기도 하다. 이처럼 자신의 사적 거리를 감각할 수 있을 때, 우리는 관계에서 자유롭게 거리조절의 댄스를 춤출 수 있고, 이때부터 자기만의 독립적인 삶이 시작된다.

몸이 나를 위로한다

몸챙김 연습

심장에 귀 기울이기

자신의 심장에 귀 기울이는 것은
자기에 대한 사랑의 실천이다.

대인관계에서 안전한 사적 거리를 어떻게 알 수 있을까. 과연 이 관계에서 나에게 적당한 거리감을 어떻게 알 수 있을까. 이 관계에서 내가 다가가고 싶은지, 혹은 물러나고 싶은지, 그것은 어떻게 알 수 있을까. 상대방의 접근이 나에게 침범인지 친밀감인지 어떻게 알 수 있을까. 관계의 적절한 거리감을 현실적인 이해관계 차원에서 고려한다면 그냥 머리로 계산해서 판단하면 된다. 하지만 사적인 관계에서 자신의 진짜 속마음을 알고 싶다면 몸의 좌표로 돌아와야 한다.

안전감은 생존에 대한 본능적 감각이다. 그렇기에 안전감에 대한 신호는 몸에서 가장 먼저 출현한다. 안전하지 않을 때 가장 먼저 나타나는 신체적 지표는 심장박동이다. 심리적 위험을 감지할 때, 도망가기 위해서 혹은 싸우기 위해서 우리의 심장이 가장 먼저 반응을 시작한다. 누군가의 눈빛이, 누군가의 말투가, 누군가의 자세가 나를 공격한다고 감지되는 순간, 심장박동이 빨라진다. 호흡도 그에 따라 서두르게 되고, 근육에도 힘이 들어간다. 이 관계에서 나는 투쟁-도피 모드로 빠르게 전환된다. 반면 상대방이 편안하고 우호적이라고 감지된다면, 심장박동도 안정감 있게 반응한다. 호흡의 리듬도 자연스럽게 따라가고, 근육의 긴장감도 풀린다. 이 관계에서 나는 접근 모드로 전환된다.

나의 사적 거리를 지켜내기 위해서 타인과 함께 있을 때, 자기 몸의 신호에 귀 기울여볼 수 있다. 이때 가장 기본적인 몸의 신호는 심장박동과 그에 따른 호흡, 그리고 근육의 긴장감이다. 관계에서 나에게 필요한 사적 거리를 알고 싶다면, 또 관계에서 내가 다가가고 싶은지, 혹은 물러나고 싶은지 알고 싶다면, 혹은 상대방의 접근이 나에게 침범인지 친밀감인지 자신의 진짜 속마음을 알고 싶다면, 그와 함께 있는 순간 자신의 심장박동 신호를 관찰해보기 바란다. 이를 위해서는 평소 자기 몸의 신호와 소통할 수 있는 연습이 필요하다.

1. 심장이 주는 신호 살펴보기 :

심장을 향한 명상meditation in heart

❶ 두 손으로 심장이 위치한 곳을 찾아보자. 우리의 심장은 가슴뼈 한 가운데로부터 조금 왼쪽에, 조금 아래쪽에, 그리고 조금 후면에 가깝게 위치해 있다.

❷ 두 손을 포개어 심장 위에 올려놓고, 심장박동을 찾아서 조금 압력을 가하면서 눌러보자. 심장박동이 선명하게 감각될 수도 있고, 희미하게 감각될 수도 있다. 그것이 어떤 감각이든 괜찮다. 감각되는 그 지점에서부터 심장에 대한 묵상을 시작해볼 수 있다.

❸ 태초에 심장이 뛰었다. 모태에서 생명 존재를 확인하는 가장 첫 번째 신호는 태아의 심장박동이다. 임신한 여성의 몸에는 두 개의 심장이 뛰고 있다. 심장은 우리가 자궁 밖 세상으로 태어나는 그 순간부터 생을 마감하는 순간까지 스스로 뛰고 또 뛸 것이다.

❹ 심장은 저절로 움직인다. 우리가 아무리 고통스럽고 외롭고 절망스러운 순간에도, 우리가 아무리 들뜨고 흥분되고 감격스러운 순간에도 변함없이 심장은 뛰고 있다. 우리가 자신을 자책하고 보잘것없이 하찮게 여기는 순간에도, 우리가 스스로에게 감격하고 놀라고 자랑스럽게

여기는 순간에도, 그리고 지금 이 순간에도 심장은 무조건적인 사랑을 드러낸다.

❺ 자신이 경험한 심장의 공명을 색, 선, 형태의 시각적 이미지로 표현해본다. 그리고 '나의 심장은 말한다'로 시작하는 한 장의 자유연상 글쓰기를 해본다. 그림을 바라보고 글을 읽어보면서 심장이 전달하는 메시지를 생각해본다. 심장은 매순간 우리 자신의 희로애락을 있는 그대로 표현한다. 지금 이 순간, 나의 심장은 어떻게 뛰고 있는가. 무엇을 드러내고 있는가.

2. 누군가와 함께 있을 때,
나의 심장에 귀 기울기

❶ 자신의 심장박동을 알아차리는 것이 조금 익숙해지면 누군가와 함께 있을 때 자신의 심장박동을 관찰해볼 수 있다. 이는 그 사람에 대한 자신의 가장 본능적 반응을 알아차릴 수 있는 일이다. 그 사람과 함께 있을 때 나의 심장박동에 주의를 기울여본다. 나의 심장은 어떻게 반응하는가.

❷ 그 사람과 함께 있을 때, 나의 심장은 두려워서 도망가고 있는가. 심장이 눌려 있는가. 심장이 답답한가. 심장의 압력이 쌓여서 폭발할 것

같은가. 심장이 차단되거나 마비돼버렸는가. 그 사람과 함께 있을 때 심장박동의 감각이 뭔가 불편하다면 그것은 나의 안전한 사적 거리가 확보되지 않은 신호가 될 수 있다.

❸ 그 사람과 함께 있을 때, 나의 심장은 적당히 각성되어 다가가고 있는가. 심장이 뜨거워지는가. 심장이 편안하고 안정적인가. 심장이 놀고 있는가. 심장이 노래하고 있는가. 그렇다면 나의 안전한 사적 거리가 확보되어 있을 뿐 아니라 좀 더 다가가고 싶다는 신호가 될 수 있다.

❹ 그 사람과 함께 있을 때, 자신의 심장이 주는 신호를 들을 수 있다면 자신에게 안전한 사적 거리를 확보하는 것에 대한 주도권을 가질 수 있다. 심장이 주는 신호로부터 관계에서 불편감과 편안함을 알아차린다면, 비로소 나에게는 선택의 자유가 주어준다. 자신이 한 발짝 물러설 수도 있고, 먼저 다가갈 수도 있으며, 멀리 도망갈 수도 있다. 또 적극적으로 투쟁할 수도 있다. 중요한 건 자신의 존엄성을 지키기 위해 자신의 안전한 사적 거리를 자신이 주도적으로 선택할 수 있다는 것이다.

❺ 심장에 관한 묵상을 할 수 있다면, 관계뿐 아니라 어떤 일에 대해서도, 어떤 장소에 대해서도, 어떤 물건에 대해서도 자신이 어떻게 반응하는지 내면의 신호를 이해하고, 그것을 주도적으로 활용할 수 있다. 내가 나에게 물어본다. 지금 나의 심장박동은 어떠한가.

몸챙김 연습

"몸이 필요로 하는 것을 느끼기 시작하면,
자기 자신을 사랑할 줄 아는 능력이 생긴다."

- 스티븐 코프

Bodyfulness

10

상실의 끝에서
새로운 몸을 만나다

상실하는 몸

몸이 움직이면 감각이 움직인다.

움직임이 변하면 감정도 변한다.

아프니까 중년이다

"눈앞에 자꾸 날파리가 보여 안과에 갔더니 노안이라고 하네요."

"희끗해지는 머리카락을 이젠 염색으로도 따라잡을 수 없어요."

"잇몸이 아파서 얼마 전 치과에 갔다가 어금니 사망판정을 받았어요."

"젊은 날, 뼈를 갈아서 가족에게 바치고 나니, 남는 건 인공연골뿐이네요."

"요즘 기억상실증에 걸렸나 싶을 정도로 자꾸 깜빡깜빡해요, 중요한 사
람의 이름이 기억나지 않을 땐 정말 난감하고 민망해요."

동작치료집단에서 가장 젊은 이십 대 여자가 극심한 스트레스로
인해 실신했다는 고백을 시작으로 건강에 관한 이야기가 오고갔다.
대부분 중년 여성들로 구성된 이 집단에서 아픈 몸에 대한 푸념과
하소연이 봇물같이 터져 나왔다. 갖가지 통증과 상실감은 중년들에

게 충격으로 다가왔다. 그런데 오십 대 초반의 여자가 불쑥 말을 꺼냈다. "전, 지금이 가장 전성기인 것 같아요."

사실 여자는 젊은 시절 늘 뒷목의 뻐근함과 함께 두통을 달고 살았다. 스트레스가 심해질 때는 위장에 탈이 났다. 또 수면장애로 무수히 잠 못 드는 밤을 견뎌야 했다. 그런 여자가 중년기에 인생의 전성기를 맞이했다니, 다들 놀라워하는 눈치였다.

중년의 몸은 하강한다. 그러므로 몸의 전성기는 끝났다. 생애 초기부터 시작되는 몸과 뇌 발달의 상승곡선은 이십 대 후반에 이르러 정점을 찍는다. 이후 삼사십 대 장년기를 거치면서 비교적 평탄하게 유지되는 몸의 기능은 중년기를 맞이하면서 확연히 꺾인다. 이는 모든 생명에게 예외 없이 적용되는 자연의 법칙이다. 중년은 생물학적 기능이 하강하는 시기이다. 누구는 시력에서, 누구는 모발에서, 누구는 치아에서, 누구는 피부에서, 누구는 연골에서, 누구는 기억에서 상실의 신호가 나타나기 시작한다.

본질적으로 죽음을 떠오르게 하는 이 상실을 누구라도 불편함 없이 받아들이기는 어렵다. 그래서 우리는 죽음과 노화에 저항하기 위해 안간힘을 쓰는 것이 아닐까. 누구는 모발을 심고, 누구는 주름을 당기고, 누구는 뼈를 깎고, 누구는 지방을 넣거나 빼기도 하면서 좀 더 젊어 보이기 위해 안간힘을 쓰며 노력한다. 하지만 아무리 애써본들 아픔과 늙음을 본질적으로 막을 수 없다는 것을 잘 알고 있다. 이 세상에 불로장생의 묘약은 없는 것이다.

이렇게 몸의 기능이 내리막길을 내딛게 시작하면, 심리적으로 흔들리게 마련이다. 상실의 신호를 애써 외면하거나 안달복달하며, 심하면 우울의 수렁에 빠지기도 한다. 이 또한 잃어버리는 것에 대한 자연스러운 심리적 현상이다. 하지만 더 이상 중년의 몸을 청년의 몸처럼 부리며 살 수는 없다. 중년의 몸은 중년의 몸답게 다루어야 한다. 많은 경우 그렇게 하지 못해서 몸이 아픈 것이다.

몸이 아파야 정신을 차린다. 몸이 아프면서 비로소 자신에게 몸이 있다는 것을 자각하고, 몸의 소중함을 깨닫는다. 몸을 소외시키면, 몸은 우리에게 몸이 있다는 신호를 더욱 강력하게 드러낸다. 소외된 몸은 불안과 우울과 같은 신경증을 야기하면서 자신의 존재를 알린다.

인생 2막을 시작했다는 여자는 동작치료를 경험하면서 오랫동안 자신의 몸을 철저하게 고립시키고 살아왔다는 것을 깨달았다. 몸의 소외는 갖가지 증상들을 불러 일으켰고, 병은 그녀 삶의 중요한 메시지를 전해주었다. 이제야 그녀는 몸의 목소리를 듣고 자신의 몸을 돌보기 시작했다. 중년기, 몸의 전성기는 끝났지만 몸을 새롭게 만난 여자는 자신의 삶을 다시 시작할 수 있었다.

병과 삶은 이렇게 연결고리가 깊다. 병은 곧 죽음과 연결되어 있어 삶에 가장 강력한 경고의 메시지를 전한다. 그래서 병은 삶의 위기를 새로운 기회로 이어주기도 한다.

"어느 날 갑자기 무언가가 뒤에서 내 머리끄덩이를 잡고, 확 틀어버린 것
처럼 모든 일이 시작되었어요. 몸이 아프고, 몇 번 쓰러지고 나서 더 이상
이렇게 살면 안 된다는 걸 알겠더군요. 결국 사고가 나서야 굴복하게 되
었지요."

이제 막 삶의 전성기를 맞이했다는 여자가 자신이 겪은 중년기를
이야기했다. 여자는 삼십 대까지 보습학원을 운영하면서 업계에서
꽤나 잘나가는 일타강사로 살았다. 시간을 초단위로 나눠 쓸 만큼
치열하게 살아온 여자는 사십 대를 넘어가면서 몸에서 뭔가 이상 변
화를 감지했다. 자신의 이전 모습을 "뭐든 다 씹어 먹을 것처럼 무시
무시한 이빨을 가진 괴물"로 표현했지만, "아무리 채워도 허기진 느
낌"이 들었다고 고백했다. 그런데도 오랫동안 그 신호를 부정하고
외면하면서 살았다. 남들에게 속마음이나 감정을 내보이는 것은 약
한 것이라 치부하면서 불편한 감각을 참고, 불쾌한 감정은 삼키면서
버텨왔다. 그러다 사고가 터졌다. 어느 날, 온몸의 뼈가 으스러지는
교통사고가 일어났던 것이다. 결국 여자는 항복할 수밖에 없었다.
그리고 모든 것이 멈추었다.

중년기는 삶의 방향을 바꾸는 시간이다. 밖에서 안으로, 외부에
적응하는 자아에서 진짜 자기 자신으로 돌아오는 시기이다. 생물학

적 기능이 하강하기 시작하면서 성장발달의 곡선에도 변곡점이 생긴다. 삶에도 전환점이 일어난다. 이때부터 외부 조건에 자신의 결을 맞춰가는 삶에서 진짜 자신의 결대로 살아가는 삶으로 돌아서야 한다.

인생 전반부에는 외부세계에 적응하는 삶이 중요하다. 직업을 갖고, 연애를 하고, 사회에서 주어진 역할을 해나가야 하기 때문이다. 하지만 중년기 이후에는 더 이상 외부의 준거가 아닌 자기 자신이 준거가 되어야 한다. 분석심리학자 칼 융은 인생 전반부에는 적절한 사회적 가면을 쓰고 살아가야 하지만, 후반부에는 가면을 벗고 가면 뒤에 가려진 그림자를 보라고 했다. 그림자 안에 감춰진 진짜 자기를 만나려면 시선의 방향도 바꾸어야 한다. 그것은 눈을 크게 뜨고 바깥을 살피는 시선이 아니라 눈을 감고 안을 들어다보는 시선을 말한다. 자기 안을 들여다볼 수 있을 때, 중년의 몸은 하강할지라도 중년의 의식은 계속 성숙해갈 수 있다.

요즘 많은 중년 남성들의 로망이 '자연인'이라고 한다. 최근 각종 매체에서 오육십 대 남성들에게 뜨거운 관심을 받고 있는 프로그램들은 자연으로 돌아가 인생 2막을 만들어가는 사람들의 서사를 잘 보여준다. 자연인들의 내러티브는 놀라울 만큼 유사하다. 그들 대부분은 도시의 삶을 전투적으로 치열하게 살다가 갑자기 몸이 아프거나 인간관계에서 심한 상처를 받고, 자연의 품으로 돌아온다. 역설적이게도 마음의 상처나 몸의 증상이 결국 삶의 방향을 전환하는 기회가 된 것이다.

이들에게 자연은 모성의 품이자 그들의 몸이기도 하다. 자연환경은 자기 자신으로 돌아와서 본성에 가장 충실한 삶을 살도록 허락해준다. 이들은 이구동성으로 말한다. 자연과 함께 건강을 회복하고, 자연으로부터 살아갈 힘을 얻었다고. 그리고 더 이상 불편한 외압에 저항하지 않고, 새로운 삶의 흐름을 받아들이면서 몸도 마음도 편안해졌다고.

무엇이든 밀어내면 더 큰 압력으로 다가온다. 온몸에 힘을 주고 저항하면 에너지를 소진할 뿐이다. 그러고 나면 삶을 창조하고 건설할 연료는 없어지고 만다. 중년기에는 삶의 전환을 위한 힘이 필요하다. 그래서 몸에 힘을 빼고 새로운 삶의 흐름에 나를 맡겨야 한다. 힘을 빼야 다시 살아갈 힘을 얻을 수 있다.

삶이 완전히 부서지는 사고 이후, 여자는 재활 과정 중 발레 수업을 받으면서 우연히 깨달은 진실이 하나 있었다. 그것은 스스로 자신을 재건하고 있다는 사실이었다. 그 비극적인 사건이 동작치료에 참여하게 해주었고, 그 시간을 통해 처음으로 자기 몸과 소통하고 교감하는 법을 배우기 시작했다. 그녀는 자신의 몸을 탐구하면서 자신의 마음도 조금씩 들여다보게 되었다. 그동안 자기 몸이 부서지는 줄도 모르고 너무 열심히만 살아왔던 것이 문제였다. 그런 자기 마음 안에 '여린 속살을 가진 벌거벗은 아기'가 숨만 붙은 듯 살고 있다는 것을 발견했다. 여자는 자신의 연약함을 들키고 싶지 않아서

몸 이 나 를 위 로 한 다

그동안 그렇게 철벽방어를 쳐왔다는 사실도 깨달았다. 자신의 이런 모습을 받아들이고 나서야 그녀는 전투적으로 방어해온 몸의 긴장을 내려놓을 수 있었다. 중년에 비로소 몸에 힘을 빼는 법을 알게 되었다.

상실의 끝에는 새로운 몸이 있다.

인간의 마음이 가장 힘들 때 나타나는 내러티브가 죽음과 재탄생이다. 오래된 질서는 파괴되어야 혼돈과 무질서를 거쳐서 새로운 질서로 창조될 수 있다. 이는 창조신화의 모티브이고, 성장신화의 중심 주제이다. 그런데 변화는 혀끝에서 일어나는 말처럼 쉽지 않다. 우리에게 익숙한 방식과 관성, 그리고 습관을 끊는 것에는 고통이 따른다. 그래서 누구는 죽을 것 같은 느낌으로, 누구는 어두운 터널 속에 갇힌 경험으로, 누구는 혹독한 병 치레나 치명적인 사고를 치르면서 가까스로 그것과의 결별을 통과해낸다. 몸과 마음이 너덜너덜해지고, 도저히 다른 방법이 없다는 것을 처절하게 느낄 때, 상실을 온몸으로 받아들이는 것이다.

중년에는 위기와 기회가 동시에 찾아온다. 그래서 심리적 재탄생은 중년의 과업이다. 이전의 상태로는 더 이상 자신이 존재할 수 없다고 느낄 때, 새로운 삶을 시작해야 하는 과도기가 바로 중년이다. 하지만 모든 시작에는 고통이 따르고 그것을 거부하지 않아야 삶의 다음 장으로 넘어갈 수 있다.

이전의 의식이 죽어야 새로운 의식이 태어날 수 있다. 상실의 끝에는 언제나 재탄생으로 넘어가는 '길'이 있다. 그 길은 이전 몸의 습성이 죽고, 새로운 몸의 습성이 시작되면서 열린다. 이것은 매순간 자신의 몸에서 익숙하게 일어나는 습성을 멈추는 것에서 시작된다. 멈출 수 있어야 한다. 멈출 때 알아차림이 일어나고, 선택할 수 있는 여지도 생긴다. 산고의 고통을 오롯이 통과해내야 새로운 생명이 탄생하듯 상실의 끝에는 새로운 몸이 있다. 여름이 끝나면 가을이 시작되듯 죽음과 탄생, 위기와 기회, 끝과 시작은 그렇게 이어져 있다.

중년의 계절은 가을이다. 알록달록 봄꽃보다 가을 단풍이 더 아름답다고 했던가. 가을의 영혼에는 은은함의 깊이가 있고, 농밀한 관능미를 느낄 수 있다. 중년은 하루 중 오후에 가깝다. 뜨는 해보다 지는 해가 더 은은하면서도 강렬하게 다가온다. 오후의 영혼은 차분하게 가라앉는 기운과 함께 삶에 대한 성찰과 새로운 영감을 자극한다. 한여름 뙤약볕과 같은 뜨거운 야망, 차오르는 성욕, 누군가에 대한 적대감과 자기혐오로 온갖 전쟁을 치르고 난 후, 평온한 가을 오후와 같은 자기 자신으로 돌아올 수 있다는 것은 엄청난 안도이자 위안이다.

성장한다는 것은 다른 몸이 된다는 것이다. 그것은 나의 느낌과 생각이 달라진다는 것이기도 하다. 우리 몸과 의식이 어떤 상태에 계속 고정되어 있다면 그것은 죽어 있는 것과 다름없다. 인간은 고

몸 이 나 를 위 로 한 다

정된 존재가 아니라 끊임없이 변화하며 움직이는 존재이다. 출렁이는 바다는 한순간도 머물러 있지 않다. 끊임없이 움직이며 새로운 곳으로 나아간다. 살아 있다는 것은 역동적으로 움직이며, 새로운 몸과 마음으로 나아간다는 것이다.

의식의 성장은 자기 안에 파편화된 조각들을 맞추고 통합하는 과정을 통해서 이루어진다. 자기 안에 홀대하고 버려둔 정신적 측면들을 **그림자**shadow라고 한다. 외부로 투사되기만 하는 빛과 달리 어두움은 안을 들여다보게 하는 힘이 있다. 가을과 오후는 안을 바라볼 수 있는 좋은 시기다. 자기에게서 소외된 그림자를 견인해내는 일은 감성의 에로스를 되찾는 것이자, 지성의 로고스를 발휘하는 것이다. 중요한 것은 그림자를 통해서 미처 보지 못했던 자기 안의 미개발된 영역, 열등한 측면을 재조명하여 성장의 기회로 만드는 일이다.

삶의 중심을 외부에서 내부로

"그 친구가 진심으로 부러워요."

미혼으로 중년을 맞이한 여자가 동작치료집단에서 불쑥 말을 꺼냈다. "부잣집에 시집가서 홀시어머니 모시면서 마음고생은 했지만, 남편의 재력 덕분에 이번에 아들이 좋은 대학에 간대요." 친한 고등학교 동창을 부러운 듯 이야기했다. 그러자 다른 기혼여성들이 그 말에 술렁이기 시작했다. 누구는 그 놈의 동창들이 항상 문제라고 말했고, 누구는 자식 성적과 부모 재력의 상관관계를 언급했다. 또,

누구는 시어머니에게 권력을 넘겨준 삶은 하나도 부럽지 않다고 했고, 다른 누구는 자신의 존엄성과 맞바꿀 수 있는 건 없다고 했다. 바로 그때 한 참여자가 말했다. "그래도 선생님은 최소한 자기 자신을 잃어버리진 않았잖아요." 잠시 침묵이 흘렀다. 그 침묵은 어떤 말보다 강렬한 공감으로 다가왔다.

동작치료집단에서 중년들은 자기 몸을 탐구한다. 자신의 몸을 새롭게 만나면서 이들은 한 번도 만나지 못한 자기 자신을 발견한다. 집단에서 몸을 탐구하는 방법은 대략 이렇다.

먼저 눈을 감고 몸에 힘을 뺀다. 그리고 호흡의 흐름을 타는 것에서 시작한다. 이어서 자기 안에서 일어나는 감각적 충동을 따라 자유롭게 몸을 움직여본다. 여기서 핵심은 자의식이 움직이는 게 아니라 몸이 원하는 대로 움직인다는 것이다. 외부의 신호를 따라가는 것이 아니라, 오로지 내적 충동을 있는 그대로 표현하도록 허용해주어야 한다. 이것은 그동안 자신의 몸을 3자적 관점으로 바라보는 시선을 1자적 관점으로 전환하는 데 큰 도움을 준다.

삶의 중심은 외부가 아닌 자기 자신에 있다. 참여자들은 외부의 삶을 살아오느라 어느새 중년을 맞았다. 엄마, 아내, 며느리, 이모, 선생님, 사장님 등 주어진 역할을 열심히 해내며 살아왔다. 하지만 이제는 외부에서 내부로 중심을 전환해야 하는 시간이다. 오롯이 나

몸이 나를 위로한다

자신에게로, 나의 몸으로 돌아오는 시간이다.

　동작치료집단에서는 그 누구에게도 내 몸의 권위를 넘겨주지 않고, 자신의 모든 감각에게 권위를 부여한다. 참여자들은 스스로 몸의 존재가 되고 몸의 주인이 된다. 몸을 통해서 자기 자신을 만난다. 이 순간만큼은 누군가를 위해서, 또 누군가에게 인정받고 확인받기 위해 필요한 몸이 아니다. 오롯이 나를 위해 존재하는 몸을 감각하고 느낀다. 내가 어떤 순간에 쾌감을 느끼는지, 내가 무엇에 끌리는지, 내가 언제 자유로움을 느끼는지 몸에게 묻고 몸에 귀 기울인다.

　나에 대한 탐구는 몸의 탐구에서부터 시작된다. 몸은 말과 달리 거짓을 말하기 어렵다. 타인과의 소통을 위해 발달해왔던 이성의 언어와 달리 몸은 본성의 언어에 가깝다. 몸은 자신의 참모습을 그대로 드러내기 때문이다. 나와의 소통을 잘하기 위해서는 자기 몸을 잘 알아야 한다. 하지만 경직된 상태에서는 자기 자신과 소통할 수 없다. 근육의 긴장이 느슨해지고, 의식의 긴장이 풀리면서 말하지 못한 상처가 불현듯 터져 나온다. 말로 표출되지 못한 불안, 분노 등 심리적 허기가 가득 찬 몸들이 포효하기도 한다. 이렇게 몸의 빗장이 풀리면 굳어 있던 마음도 녹기 시작하면서 그동안 하지 못한 말을 하기 시작한다.

　몸이 말하기 시작하면 감정과 기억도 자기 언어를 찾는다. 어떤 이는 가슴을 여는 동작을 무수히 반복한다. 가슴을 드러내는 것이 얼마나 수치심이 들었고, 그래서 몸을 가급적 웅크리고 살아왔다며

담담히 고백한다. 어떤 이는 잠긴 골반 관절을 마음껏 풀어낸다. 오랫동안 무시당하지 않도록 보이기 위해 자신도 모르게 몸집을 키우고, 몸을 꼿꼿하게 세우는 법을 터득해왔다고 고백한다. 다른 이는 내장을 맹렬하게 흔들고 털어낸다. 자기 안에 오랫동안 갇혀 살았던 맹수의 야생성을 깨운 것 같다고 고백한다. 이렇듯 진정한 행복과 자유는 몸을 떠나서는 실현될 수 없다.

감정은 의식 이전에 몸으로 먼저 출현한다. 자기 몸의 중심추를 느끼면서 잠자고 있던 감각들을 깨우고 나면, 납작한 존재가 조금씩 입체적인 존재로 되살아난다. 몸의 감각을 따라 움직이면서 내가 미처 닿지 못한 미지의 나를 만난다. 몸의 모성을 알게 되고, 맹수의 야성을 생생하게 깨우며 상처 입은 아이를 안아준다.

감정은 우리에게 무엇이 중요하고, 중요하지 않은지를 알려주는 중요한 신호다. 누구에게나 흘려보내야 할 눈물이 있듯이, 누구에게나 풀어야 할 감정이 있다. 한바탕 쏟아내고 나면, 뒤엉켜 있거나 동결된 감정이 풀려나면서 비로소 감정 너머의 모습을 볼 수 있다. 바로 그 자리에 새로운 생각들이 들어온다.

중년의 몸은 하강하면서 성장한다

심리치료의 본질은 존엄성을 되찾는 일이다. 자신의 버려진 조각들을 하나씩 받아들이는 과정을 통해 자신의 존엄성을 회복해가는 것이다. 우리는 몸의 본성을 통해서 소외된 나의 조각들을 찾아낼 수 있다. 몸의 본성을 찾는 방법은 일상에서도 쉽게 시도할 수 있다. 하던 일을 잠깐 멈추고 자신의 호흡을 느껴보는 것, 몸의 중심추를 찾아보는 것, 발바닥의 접지감각을 확인해보는 것, 걸음의 속도를 바꿔보는 것 등이 그것이다. 이런 움직임들이 자기혐오에서 자기수용으로 돌아오는 길이다.

우리 몸은 고정되어 있지 않고 끊임없이 변화해간다. 우리의 의식도 마찬가지다. 중년의 몸은 하강하지만 정신은 계속 성장해갈 수 있다. 잃어가는 몸 대신에 깊어지는 정신이 있다. 이것도 몸이 주는 지혜다.

몸챙김 연습

멈추고 새로워지기

변화는 멈춤에서 시작한다.
익숙한 습관에서 새로운 습관을 만들기 위해서는
일단 몸을 멈추어야 한다.

변화는 기존의 방식을 멈추는 것에서부터 시작된다. 그리고 오랜 습성을 깨고 새로운 습성을 만들어나가는 과정이 필요하다. 익숙함과 새로움 사이에 심리적 공간을 과도기라고 한다. 이는 익숙한 공간에서 미지의 공간으로 문턱을 넘어가는 지점으로 당연히 심리적 불안과 몸의 긴장을 불러일으킨다. 하지만 그 지점을 거치지 않고는 통과할 방법이 없고, 변화도 일어나지 않는다.

몸 챙 김 연 습

몸의 관점에서 변화란 익숙한 몸의 습관을 깨고, 새로운 몸의 습관을 만들어가는 과정이다. 이는 잘 사용하지 않았던 근육을 사용하는 것이고, 또 익숙하지 않은 새로운 움직임을 시도해보는 것이다. 모든 움직임 안에는 이미 멈춤이 포함되어 있다. 수행자이자 시인 루미는 "움직임을 알기 위해서는 고요히 멈추는 것이 필요하고, 진정한 고요함을 알기 위해서는 움직이는 것이 필요하다"고 말했다. 멈출 수 있을 때, 움직임의 의미를 발견할 수 있고, 움직임 이후 완전히 멈추는 고요함에 도달할 수 있다. 몸의 자동반응을 멈추고 새로운 몸의 패턴을 시도해봄으로써 우리는 다른 감각과 감정 경험을 할 수 있다. 몸이 움직이면 감각이 움직인다. 움직임이 변하면 감정이 변한다.

실존주의 심리학자 빅터 프렝클은 자극과 반응 사이에 자유의지가 존재한다고 했다. 외부 자극과 내적 반응 사이에 멈춤이 있을 때, 자동반응을 하지 않고 의식적 선택을 할 수 있다. 이때 멈춤은 알아차림을 할 수 있는 심리적 공간을 만든다. 따라서 외부 자극과 자동반응 사이에 공간이 크면 클수록 내면의 힘이 생기고, 이 심리적 공간은 개인의 안녕감과 행복 수준을 높여준다. 따라서 익숙한 자동 패턴을 멈추는 것은 새로운 패턴을 시도하는 첫발이 될 수 있다.

이제부터 멈추기와 새로운 패턴 만들기를 연습해보자. 그리고 일상에서 뭔가를 하고 있는 매순간 멈추기 몸챙김 연습을 지속적으로 적용해보자. 이것은 내적인 삶의 변화에 중요한 시작이 될 수 있다.

1. 멈추기 연습 :
멈추는 힘power of pause

❶ 등을 바닥에 대고 눕거나 바닥이나 의자에 앉아서, 혹은 두 발을 바닥에 딛고 서서 시작할 수 있다.

❷ 먼저 자신의 호흡을 관찰해본다. 숨을 마실 때 어떻게 공기가 들어오는지, 그리고 내쉴 때 어떻게 공기가 빠져나가는지, 들숨에 폐가 어떻게 팽창되는지, 날숨에 복부가 어떻게 수축되는지 감각해본다. 지금이 순간 호흡의 리듬을 있는 그대로 감각하고 바라본다.

❸ 호흡을 의도적으로 멈추어본다. 숨을 마시고 있는 지점이든 내쉬고 있는 지점이든 상관없다. 자발적으로 숨을 멈춘 상태에서 잠깐 머물러본다. 신체감각이 어떻게 달라지는지 감각해보자. 그리고 숨을 길게 내뱉어보자. 호흡은 자동적으로 일어나는 반응이지만 의도적으로 호흡을 멈추는 개입을 시도해보자. 그리고 의식적으로 숨을 조금 더 깊게 소리를 내면서 내뱉어보자. 호흡 멈추기, 길게 내쉬기, 호흡 멈추기, 소리를 내면서 더 깊게 내쉬기를 반복해본다. 호흡 멈추기 시간을 자유롭게 늘려보기도 줄여보기도 한다. 주도적인 호흡을 해나가면서 감각이 어떻게 달라지는지 세밀하게 관찰해본다.

몸챙김 연습

❹ 이번에는 호흡과 함께 자신의 충동에 따라 몸을 조금씩 움직여보자. 긴장감이 느껴지는 신체부위를 스트레칭하듯 시작할 수 있다. 지금 이 순간, 자신의 몸이 원하는 스트레칭이 무엇인지를 따라가면서 시작해본다. 천천히 어깨를 돌리면서, 목을 돌리면서, 허리를 돌리면서 시작할 수 있다. 또, 팔이나 다리를 늘리면서 시작할 수도, 안면근육을 움직이면서 시작할 수도 있다. 스트레칭을 하면서 숨을 내쉬는 것도 잊지 않는다.

❺ 호흡 멈추기와 마찬가지로 몸을 스트레칭하다가 의도적으로 움직임을 멈추어본다. 움직임 한가운데에서 멈춤이 일어나면, 호흡도 함께 멈추어본다. 그리고 나에게 질문해본다. 지금 이 순간, 내 몸은 어떻게 움직이고 싶은가. 그리고 내쉬는 호흡과 함께 그렇게 움직일 수 있도록 허락해준다. 다시 스트레칭을 하다가 의도적으로 멈추어본다. 호흡도 같이 멈추고, 자신에게 질문하고 다시 움직이는 것을 반복해본다. 멈추기 시간을 최대한 늘려볼 수 있고, 줄여볼 수도 있다. 호흡과 연결된 움직임과 멈추기의 반복은 몸이 충분하다고 느껴질 때까지 해본다. 그리고 충분하다고 느껴질 때, 모든 움직임을 완전히 멈추고 정적인 상태에 잠시 머무른다.

❻ 움직임이 완전히 멈춰지고 정적인 상태에 도달했을 때, 다시 자신의 감각을 관찰해본다. 심장박동, 호흡, 몸의 열감, 통증이나 긴장감, 근

육의 상태, 그리고 정서적인 느낌은 어떤지 관찰해본다. 멈추기 연습을
시작하기 전과 차이가 있다면 어디서 어떻게 다른지 관찰해본다.

2. 새로운 몸의 패턴 만들기 :
   스윙리듬 변형하기Re-patterning

❶ 두 팔을 벌려서 사방으로 펼쳐서 자유롭게 움직일 수 있을 만큼 물
리적 공간을 확보하고, 두 발바닥으로 지면을 딛고 서서 시작한다. 이
때 두 발바닥이 균등하게 지면에 닿을 수 있도록 접지grounding 감각
을 확인한다. 내쉬는 호흡을 하면서 몸을 좀 더 안착한다.

❷ 발바닥 무게중심을 좌우로 천천히 이동하면서 몸을 흔들어 로킹 리
듬을 만들어본다. 양팔은 자유롭게 힘을 풀고 리듬을 따라갈 수 있도
록 허락해준다. 팔의 에너지를 사용하여 서서히 스윙 리듬으로 이동해
본다. 팔의 스윙이 조금 더 빠르게 혹은 느리게, 조금 더 격렬하게 혹은
부드럽고 가볍게, 좌우에서 사선이나 전후로, 혹은 원형으로 방향성을
자유롭게 전환해갈 수 있도록 허락해본다.

❹ 스윙 리듬 어느 지점에서 의도적으로 움직임을 멈추어본다. 호흡도
함께 멈추어본다. 지금 이 순간, 몸이 어떻게 움직이고 싶은가 스스로
에게 질문해본다. 내쉬는 호흡과 함께 스윙의 변형이 일어날 수 있도

록 허락해준다. 다시 스윙을 하다가 멈추고, 호흡도 같이 멈추고 질문을 하면서 새롭게 스윙을 반복해본다. 이때 멈추기 시간을 최대한 오래 늘려볼 수 있고, 아주 짧게 줄여볼 수도 있다. 스윙 속도도 극도로 느리게 혹은 빠르게, 스윙 강도도 최대한 강하게 혹은 약하게, 스윙 방향도 팔이 가는대로 자유롭게 변형해볼 수 있다. 스윙과 멈추기 반복은 자기 몸이 충분하다고 느껴질 때까지 계속 반복해본다. 충분하다고 느껴질 때, 모든 움직임을 멈추고 정적인 상태에 잠시 머무른다.

❺ 움직임을 완전히 멈추고 정적인 상태에 도달했을 때, 그 순간 몸의 감각을 관찰해본다. 심장박동, 호흡, 몸의 열감, 통증이나 긴장감, 근육의 상태, 그리고 정서적인 느낌은 어떤지 관찰해본다. 스윙 리듬과 멈추기를 시작하기 전과 차이가 있다면 무엇인지, 스윙 변형 과정에서 어떻게 감각의 변화가 일어났는지 돌아본다. 자신의 멈춤과 움직임의 변형과정 체험을 한 장의 그림이나 한 장의 글쓰기로 표현해보고 담아본다. 그림을 바라보고 글을 읽어보면서 내 몸의 자유의지가 전달하는 메시지를 생각해본다.

사랑의 기억을 떠나보내다

애도하는 몸

저항은 몸에 힘을 주는 것이고,

수용은 몸에 힘을 빼는 것이다.

죽음, 빌려 쓴 몸을 떠나다

"그건 분명히 예지몽이었어요."

여자는 이별을 예견하는 꿈을 꾸었다. 아버지가 돌아가시기 몇 개월 전, 꿈속에서 <수사반장>의 최불암 씨가 등장했다. 꿈속에서 그는 자신이 그동안 빌려 쓴 방을 정갈하게 정리해놓은 후, 이제 떠날때가 되었다는 것을 여자에게 말해주었다. 실제로 젊은 날, 그녀 아버지의 직업은 형사였다. 팔십 대 중반의 아버지는 당시 요양원에서 비교적 건강하게 생활하고 계셨는데, 그 꿈이 아니었다면 여자는 이별을 예감하지 못했을 것이다. 꿈을 꾸고 난 후, 여자는 이별을 준비할 수 있었다. 매주 아버지를 찾아뵈었고, 자식들에게 건네주던 아버지의 덕담을 마지막 인사로 받아들였다. 그렇다고 아버지의 죽음이 슬프지 않거나 애달프지 않은 것은 아니었다. 그 어떤 이별보다 마음이 아팠지만 그녀는 아버지의 죽음을 자연의 일처럼 받아들일 수 있었다. 이렇게 죽음을 맞이함으로써 삶을 완성해낸 아버지와 딸의 이별서사는 참으로 따뜻하고 아름다웠다.

모든 사랑의 끝에는 죽음이 있다. 죽지 않는 관계는 없다. 그것은 생물학적 죽음이자 심리적 죽음이기도 하다. 어쩌면 우리가 이별을 받아들이기 어려운 진짜 이유는 대상의 상실보다 대상에게 붙어 있는 사랑의 상실 때문인지도 모른다. 죽음은 예고된 자연의 일부이지만 자연스럽게 받아들이기는 쉽지 않다. 나 역시 그렇다.

오래전 그날, 마른하늘에 날벼락이 치듯 아버지의 죽음을 갑작스럽게 맞이해야만 했다. 상실의 고통은 지금도 나를 두렵게 한다. 칠십 대 중반인 엄마의 죽음은 지금도 상상조차 하기 힘들다. 그렇다할지라도 모든 사랑은 이별을 맞이해야 한다. 티베트 불교 여승이자 마음전문가 페마 초드론은 죽음과 몸의 관계를 이렇게 말했다.

"몸은 우리가 이번 생에 빌려 쓰는 집rented room입니다. 죽음은 우리의 정신이 빌려 살았던 몸을 떠나는 것입니다."

이 말은 젊은 시절, 죽음충동에 빠져 있던 나를 건져 올린 충격적인 한마디였다. '죽음은 빌려 쓴 몸을 떠나는 것'이라니, 이것은 당시 그 어떤 심오한 철학적인 사유보다 내 살갗에 와 닿았던 말이었다.

상실은 소유를 전제로 한다. 사람이든 사랑이든 내 것이라고 생각하는 뭔가를 잃어버린다는 건 마땅히 불안한 일이다. 그런데 애당

몸이 나를 위로한다

초 빌려 쓰고 있는 몸이라면, 상실이 아닐 수도 있겠다는 생각에 닿았다. 상실의 고통에 집착하며 숨 쉬기조차 힘겨웠던 나에게 이 한마디가 작은 숨구멍을 틔워주었다. 중요한 것은 새로운 것을 보는 것이 아니라, 익숙한 것을 새롭게 바라보는 시선이다. 죽음을 새롭게 받아들이자 고통 속에 갇혀 있던 내 몸도 조금씩 풀려나기 시작했다.

울지 못하는 몸

주사 바늘 앞에서 아이가 잔뜩 겁먹은 표정으로 서 있다. 임박해온 고통을 어떻게든 피해보려고 숨을 참으며 안간힘을 쓴다. 빵빵하게 힘을 주고 있는 엉덩이에서 그 공포심이 극적으로 드러난다. 심장이 쪼여오면서 절박해진 아이는 날카로운 바늘이 뚫고 들어갈 수 없을 만큼 자신의 근육을 단단하게 뭉치고, 혈관을 잠그는 것으로 자기 몸을 차단한다. 피할 수 없는 고통을 그렇게나마 지연해보는 것이 아이가 선택할 수 있는 유일한 생존전략이다.

이 장면은 어린 시절, 병원 주사실을 떠올리면 되살아나는 내 몸의 기억이다. 지금도 고통을 맞이할 때면 나는 단단히 몸을 잠근다. 이것은 오랫동안 내 몸에 밴 감정의 습성이다. 고통을 피하려는 몸은 본능적으로 도망가거나 쪼그라든다. 그것도 불가능하다면 동결시켜버린다.

마음이 힘들 때도 그렇다. 불안하거나 두렵고, 또 화가 나면 바늘 구멍 하나 들어가기 힘들 만큼 옹졸한 상태로 변한다. 타인의 호의를 부정하고, 자신에게 일어나는 어떠한 감정도 부정한다. 이렇게 부정하고, 도망가고, 눌러버리느라 내 안의 에너지를 다 써버리고 나면 무력감에 빠져버린다.

그런데 아이는 왜 울음을 터트리지 않았을까?

화가 난 몸은 싸울 준비를 한다. 온몸에 난 털을 세우고, 심장박동을 가동시켜 피를 펌프질하며 근육을 최대한 부풀린다. 이렇게 뜨겁게 끓어 오르는 전투태세 감각을 분노 감정이라고 말한다.

불안한 몸은 도망갈 준비를 한다. 초점을 잃은 눈동자는 헤매고 있다. 바닥으로부터 들떠 있는 발은 안절부절못하고 서성거린다. 각성된 위장은 꼬이면서 잠시도 쉬지 못하고 과도하게 활동한다. 극심한 두려움이 밀려오면 몸은 얼어붙는다. 스스로 동결시켜버림으로써 공포의 감각을 차단해버린다.

이렇듯 고통으로부터 더 이상 도망갈 수 없을 때, 정신은 실신, 해리, 마비 상태로 도망간다. 이는 심리적 도망이다. 위험으로부터 살아남기 위해 몸과 마음이 처절하게 분투하고 있는 것이다. 생존하기 위해 도망가지만 모든 감정과 차단된 채로 몸은 감각의 셔터를 완전히 내려버린다. 이것은 우울한 몸이다. 겨우 숨만 붙어 있고 마치 산송장처럼 살아 있어도 살아 있지 않은 것 같은 상태이다. 이러한 학습된 무기력은 고통을 느끼지 않아도 되는 진공상태를 만든다. 이

또한 고통으로부터 살아남으려는 생존방식이다. 이처럼 무력감도 그 나름의 생존이라는 목적을 가진다.

그렇다. 아이는 고통을 참아내는 것으로 스스로를 지켜왔던 것이다. 도망가거나 싸우거나 혹은 얼어붙거나 마비된 몸은 모두 감정에 갇혀 있는 상태이다. 몸이 감정을 부정하면 감정은 의식 안으로 들어올 수 없다. 감정으로부터 벗어나고 싶지만 사실은 감정을 밀어내고 회피하느라 정신적 에너지를 모두 소모해버리기 때문이다. 그것은 오히려 감정에 대한 강한 집착이 된다.

사랑에 끌리는 것이 본능이듯 사랑이 떠나는 것에 대한 분노, 불안, 공포 반응도 모두 살아남기 위한 본능이다. 하지만 누군가에 대한 애착이 집착이 되면, 사랑도 고통으로 변하고 만다. 집착은 사랑이 떠나는 것에 대한 강력한 저항이고, 온몸에 잔뜩 힘을 주면서 분리와 상실을 부정하는 것이다. 긴장된 몸으로는 숨이 제대로 드나들 수 없다. 이렇게 경직된 몸은 사랑을 느끼고 받아들일 수 없을 뿐더러 그 어떤 것과도 소통할 수 없다.

더 큰 불행은 고통뿐 아니라 즐거움, 충만감, 온전함, 행복감과 같은 삶의 긍정적 감각도 느낄 수 없다는 것이다. 부정적 감정을 부정하는 것은 결국 부정적 감정에 더욱 집착하게 만든다. 이렇게 사로잡힌 감정으로부터 빠져나오려면 숨구멍을 열고, 경직된 몸의 긴장을 풀어주어야 한다. 이때 몸에서 압력을 빼기 위해서는 울음이 필요하다. 울음이야말로 감정을 부정하지 않고, 감정에 항복하고 받아들이는 가장 확실한 행위이다. 두려움 없이, 수치심 없이 마음껏 목 놓아 울어본 적이 있는가.

울음, 애도의 문이 열리다.

여자의 통곡은 압도적이었다. 여자가 몸을 흔들기 시작하면서 내장 속 켜켜이 쌓여 있던 굳어버린 감각들도 조금씩 균열을 내기 시작했다. 흔들리는 리듬의 파동은 조금씩 더 커지고, 조금 더 빨라지다가 급기야 뱃속 깊은 곳에서부터 무언가 밀어내는 압력이 올라왔다. 헛구역질과 함께 토해내는 것 같은 동작이 점점 더 격렬해졌다. 마침내 구토하는 진동의 끝에서 전혀 가공되지 않은 짐승의 신음소리가 터져 나왔다. 고통의 소리가 통곡의 소리로 바뀌면서 비로소 증폭된 긴장이 풀려나기 시작했다. 그녀의 울음은 마치 오랫동안 잠겨 있던 수도꼭지가 열린 듯 한참동안 쏟아져 나왔다. 그 순간, 심리치료사로서 내가 할 수 있는 일은 쏟아져 나오는 고통이 남김없이 흘러나오도록 등을 쓸어주는 것뿐이다.

여자는 30년 만에 처음으로 남동생의 죽음에 대해서 입을 떼기 시작했다. 겹겹이 쌓아두었던 감정이 터져 나오면서 묻혀버린 진실이 조금씩 드러났다. 그 일이 얼마나 무서웠는지, 그 일로 얼마나 자신을 자책했는지 말하기 시작했다. 가족의 금기였던 그 일을 떠올리지 않도록 어떻게 철저히 밀어내왔는지도 말했다. 그녀는 그렇게 자신의 심리적 외상과 관련된 행위를 완결할 수 있었다.

울음은 여자에게 애도 행위였다. 그동안 울지 못했던 그녀는 이제야 울음으로써 동생을 떠나보낼 수 있었고, 동생에 대한 사랑을 완결할 수 있었다. 무엇보다 죄책감의 결박으로부터도 풀려날 수 있었다.

애도는 빈자리를 돌보는 일

심리적 외상은 몸으로 저장된 기억이다. 고통스러운 기억에는 언제나 경련을 일으키는 감각들이 붙어 있다. 아무리 상처의 원인을 분석하고 이해한다고 해도 몸의 기억이 마비된 채로 남아 있으면 증상은 반복된다. 증상의 뿌리인 오래된 상처는 몸으로 새겨져 있다. 상처를 치유한다는 것은 의식의 기억에서 밀려난 감정기억을 되살려내는 것이기도 하다. 이런 의미에서 애도란 마비되었던 감정기억을 흔들어 깨워서 흘려보내는 일이다.

기억에 붙어 있는 감정독소는 비워내야만 더 이상 자기 자신을 괴롭히지 않는다. 갇혀 있던 감정을 모조리 꺼내어 흘려보내고 나면 생각도 물 흐르듯이 흘러가고, 이 빈자리에 새로운 감정과 생각이 들어올 수 있다. 그래서 울어야 깨어날 수 있고, 울어야 다시 살아날 수 있다. 이처럼 애도는 비워내는 일이자 그 빈자리를 돌보는 일이다.

이러한 애도 과정에는 함께 해주는 누군가가 필요하다. 애도는 혼자서 할 수 없다. 안전한 베이스캠프가 있을 때 불확실한 탐험에 도전이 가능하듯, 미지의 감정세계 안으로 들어가기 위해서는 심리적 안전기지가 반드시 있어야 한다. 우리는 상실의 슬픔을 통해서 타인과 결코 분리될 수 없는 자신을 느낄 수 있다. 누군가 진심으로 자신을 응시해줄 때, 자신의 취약한 일부를 드러낼 수 있다는 믿음이 생긴다. 그리고 자신의 고통을 드러내어 누군가로부터 목격될 때, 고통에 이름을 붙일 수 있다.

고통을 말한다는 것은 엄청난 힘이자 용기다. 슬픔으로 고통을 통과해내면서 동결되었던 몸이 풀리고, 새로운 움직임이 나타난다. 그리고 더 깊은 내가 되어갈 수 있다. 나는 내가 생각하는 것보다 훨씬 복잡하고 다채로운 존재라는 사실도 발견하게 된다. 그래서 자신의 **슬픔과 대면하지 못하면 자신의 깊이도 알지 못한다.**

몸의 기억을 흘려보내다

"나는 어머니를 한 줌 쥔 뒤 손을 풀어 아버지 곁으로, 아직 따뜻한 어머니를 날려 보내드렸습니다. 나도 누이들도 어머니의 형제들도 한 줌씩, 두 줌씩, 한마디씩 또 한마디씩 하면서 어머니를 날려 보내드렸습니다. 회색의 재는 낙엽 위에 산 흙 위에 흩어졌다가 바람에 다시 날려 흔적도 없이 사라졌습니다. 훨훨, 당신이 원하는 대로 그렇게 어머니는 티끌도 남김없이 세상에서 사라졌습니다. 그리고 내가 고아가 되었다는 것을 알았습니다."

정신분석가 이승욱의 《소년》 중 마지막 내용이다. 이 감동적인 장면은 상실의 슬픔을 관통해내는 것이 무엇인지를 생생하게 보여준다. 저자는 한 줌의 재가 되어버린 어머니의 흔적을 온몸으로 감각하면서 떠나보낸다. 그 순간을 소년이 경계를 넘어선 지점이라 말하면서 소년은 울음을 통해서 성장할 수 있었다고 고백한다.

애도는 치유를 넘어 성장으로 가는 길을 열어준다. 미성숙한 자아는 애도할 수 없다. 그래서 정신분석가 위니콧은 "애도는 능력이고, 성숙의 지표"라고 말했다. 삶의 다음 장으로 넘어가려면 애도를 허락해야 한다. 태어난 모든 존재는 아픔과 죽음으로부터 자유로울 수 없다. 그렇다면 우리에게 중요한 것은 아프지 않는 것이 아니라, 아픔을 통해 새로운 길을 찾는 것이다. 상실의 절망에만 묻혀 있으면 영원히 어린아이로 남게 된다.

아픔만이 삶의 전부가 아니다. 삶의 매순간을 살펴보면 나에게도 소중한 기억과 감정들이 켜켜이 쌓여 있다는 것을 발견하게 된다. 건강함이란 아프지 않는 것이 아니라 온전함이다. 온전함은 자신의 감각, 감정, 생각이 모두 통합되어 있는 상태를 말한다. 건강한 사람은 자신의 모든 감정과 생각에 대해 오롯이 책임질 수 있는 사람이다. 애도의 능력이 있다면 죽음을 통과해내면서 자신 안에 다양한 감정을 긍정하지도 부정하지도 않고 있는 그대로 받아들일 수 있다. 그리고 그 감정을 누르거나 밀어내거나 회피하지 않고 모두 말할 수 있다.

미안합니다Sorry, 용서하세요Forgive me, 고맙습니다Thank you,

사랑합니다I love you, 안녕히 가세요Good-bye.

이 다섯 마디가 애도 속에 담겨 있는 모든 메시지라고 한다. 누군가를 떠나보내면서 이 다섯 마디를 기억하고 표현할 수 있다면, 그것으로 충분한 애도이다.

매일 밤, 살갗에 가장 부드럽게 닿는 옷을 입고, 좋아하는 꽃을 두고, 향초를 켠다. 오직 자신만을 위해 준비된 편안한 공간에 자리 잡고 앉는다. 자신을 위한 싱잉볼을 울리고, 눈을 감으며 하루를 종결하는 리추얼ritual을 시작한다. 그것을 명상이라고 할 수도 있고, 기도라고 불러도 좋다.

이 장면은 융 분석가이자 예술치료사 캐롤린 그랜트 여사가 매일 밤 하루의 죽음을 맞이하는 리추얼이다. 이는 상징적인 죽음 예행연습이기도 하다. 깊은 호흡과 함께 이완상태로 잠을 자고 나면, 다음 날 아침 새로운 호흡과 함께 새롭게 열리는 감각으로 깨어날 수 있다. 매순간 죽음을 받아들이는 자유를 느끼며 고향으로 돌아가듯 편안해질 수 있다. 이처럼 현자들은 삶 속에 죽음이 있고, 죽음 이후에 새로운 삶이 태어날 수 있다는 것을 알려준다.

한 쌍의 들숨과 날숨의 호흡을 느끼면서 '빌려 쓴 집'을 떠나보내는 것의 의미를 생각한다. 죽음이 삶의 부재가 아니라 삶의 완성이 될 수 있다면, 상실도 사랑의 부재가 아니라 사랑의 완성이 될 수 있다. 그 죽음을 받아들이는 순간, 우리의 삶도 자유로워질 수 있다.

몸이 나를 위로한다

몸챙김 연습

몸에 힘 빼기

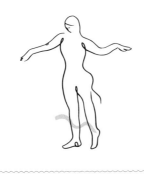

몸에 힘이 빠져야
긴장 너머의 것을 볼 수 있고,
새로운 감정과 생각이 들어올 수 있다.

인생을 항해에 비유하자면, 파도는 일상에서 일어나는 정서적 반응이라고 볼 수 있다. 감정의 파도는 외부 자극에 따라 수시로 반응하고, 자동적으로 일어나는 생명의 역동이다. 감정 파도는 본능과 같아서 그 자체로 긍정적이거나 부정적인 것으로 판단할 수 없다. 살아 있는 바다는 본래 파도가 일어난다. 이는 그냥 자연의 현상일 뿐이다. 하지만 파도가 마음의 전부는 아니다. 파도가 바다의 일부인 것처럼 감정도 마음의 일부이다. 그런데 감정의 파도는 우리의 의지로 어떻게 할 수 없다. 다만 그 파도를 어떻게 맞이할 수 있을까, 여기에만 우리의 의지가 작동할 수 있다.

일상에서 우리는 밀려오는 감정을 피하거나, 막기 위해 얼마나 저항하고 있을까. 감정의 파도에 저항하려면 온몸에 힘이 들어가게 된다. 마치 불안하거나 두렵거나 화가 날 때 긴장반응이 일어나는 깃처럼 말이다. 물을 두려워하는 마음은 우리 몸에 힘을 주고 물과 싸우기 위해 안간힘을 쓰도록 만든다. 하지만 부력을 이용해서 파도를 타려면 몸에 힘을 빼야만 한다. 그런데 몸에 힘을 빼려고 노력하는 것은 긴장을 풀기 위해 애쓰는 또 다른 긴장감이 생기기 때문에 오히려 이완하는 데 방해가 될 수 있다.

몸에 힘을 빼는 것이 어렵다면 몸에 힘을 주는 것에서부터 시작해볼 수 있다. 불안증 환자들을 위한 치료법으로 고안된 제이콥스Jacobs의 점진적 이완progressive relaxation 기법은 근육 긴장을 사용하여 정서적 이완상태에 도달하는 원리를 담고 있다. 불안과 두려움, 혹은 분노 반응은 긴장과 쌍을 이루기 때문에 이완은 본질적으로 이러한 정서반응과 상반된 상태이다. 그래서 불안한 사람에게 이완을 제안하는 것은 더욱 저항을 불러일으킨다. 하지만 긴장을 사용하여 이완에 도달하는 전략은 긴장과 이완을 주도적으로 통제할 수 있는 조절감을 느끼도록 한다. 그래서 긴장을 풀기 위해 긴장을 극대화해보는 것은 이완으로

가는 좋은 시작이 될 수 있다.

정서적 파도가 올라올 때, 그것을 타고 넘어갈 수 있기 위해서는 먼저 저항하지 않고 수용하는 태도가 필요하다. 저항이 몸에 힘을 주는 것이라면 수용은 몸에 힘을 빼는 것이다. 이완상태에 도달하기 위해서 근육에 힘을 주는 긴장상태에서 시작할 수 있다. 그리고 근육의 긴장감이 최고조에 이를 때, 숨을 내쉬는 것과 함께 이완되는 감각을 느낄 수 있다. 밀어내지 않고 받아들일 수 있을 때, 우리는 밀려오는 파도를 타고 넘어갈 수 있다.

그렇게 긴장감을 사용하여 잠겨 있던 관절을 풀고 근육의 긴장감을 해소하는 감각을 느낄 수 있다. 그런 다음 물의 이미지를 사용하여 이완의 리듬을 감각해볼 수 있다. 이완의 리듬은 흘러가는 물과 같은 특성을 지닌다. 이때 흘러가는 감각은 감정을 흘려보내는 것과 연결된다. 눈물을 흘려보내듯이 물을 흘려보내는 리듬은 애도의 리듬이다. 긴장에서 이완으로 넘어가는 감각은 관념적으로 이해하는 것만으로는 부족하다. 몸을 통해 체감하고, 몸으로 이해할 수 있어야 한다.

1. 긴장 에너지를 사용하여 이완하기 :

긴장에서 이완으로Tension to Relaxation

❶ 먼저 외부로부터 방해받지 않을 수 있는 자신만의 개인 공간을 확

보한다. 그리고 두 발을 바닥에 딛고 서서 시작한다.

❷ 지금 몸의 긴장이 느껴지는 지점에서 천천히 움직임을 시작한다. 어깨에 긴장감이 느껴지면 어깨 관절을 돌리거나 어깨 근육을 스트레칭하면서 시작할 수 있다. 스트레칭이나 관절 돌리기 움직임을 할 때, 외부 형식은 중요하지 않고 자신의 몸에서 필요한 감각을 따라가면 된다.

❸ 이번에는 긴장된 신체부위에 힘을 최대한 주면서 근육긴장을 극대화해본다. 그 긴장이 최고조에 달하면 힘을 뺀다. 한 번에 하나의 신체부위에 집중해서 힘을 최대한 주었다가 힘을 뺀다. 긴장이 느껴지는 다른 신체부위로 옮겨서 근육긴장을 극대화한 후, 힘을 빼면서 긴장과 이완 감각의 차이를 감각해본다.

❹ 이번에는 긴장된 신체부위에 긴장을 극대화해서 움직이다가 힘을 뺄 때 내쉬는 호흡을 추가해본다. 그리고 날숨과 함께 소리(후우~)를 밖으로 뱉어본다. 긴장된 근육에 힘을 뺄 때는 숨구멍을 열어두고 숨을 내뱉을 때 자연스럽게 소리가 나올 수 있도록 허락한다. 발성을 담당하는 성대 근육의 긴장이 풀리면서 이완되는 감각과 함께 소리의 진동을 느껴본다. 날숨과 소리, 근육 이완에 어떻게 연결되는지 세심하게 주의를 기울여본다.

❺ 이번에는 몸에 힘을 주어 근육의 긴장감을 사용하여 움직여본다. 늘리기, 털기, 던지기 등 긴장된 근육 에너지를 사용하여 가장 자연스럽게 몸이 움직이고자 하는 대로 따라가본다. 긴장감을 사용하여 움직였을 때 어떤 해소감이 느껴지는지, 혹은 어떤 불편감이 느껴지는지, 몸의 반응이나 정서적 반응을 자각해본다.

❻ 이번에는 몸에 힘을 빼고 근육이 이완된 상태에서 움직여본다. 관절을 부드럽게 돌리거나 곡선을 그리면서 넘어가거나 흘러가도록 자연스럽게 움직임이 일어나는 대로 따라가본다. 몸에 힘을 빼고 움직였을 때 어떤 편안함 혹은 불편감이 느껴지는지, 몸의 감각적 반응이나 정서적 반응을 자각해본다.

❼ 충분히 움직였다고 감각될 때 움직임의 속도를 줄이고, 움직임이 멈출 때까지 기다려준다. 완전히 정적인 상태에 도달하면, 현재 몸에 남아 있는 긴장과 이완 감각을 알아차려본다.

2. 흘러가는 물의 리듬 :
이완의 리듬Running

❶ 충분히 움직일 수 있는 물리적 공간과 방해받지 않을 수 있는 개인 공간을 확보한 후, 두 발을 바닥에 딛고 서서 시작할 수 있다.

몸챙김 연습

❷ 머리에서부터 힘을 빼면서 천천히 아래로 떨어트린다. 먼저 머리를 가누고 있는 목 부위의 힘을 빼고 머리를 아래로 떨어트린다. 목 근육을 이완하고 나면 자연스럽게 어깨 근육의 힘을 풀면서 아래로 떨어트린다. 그리고 척추의 힘을 풀면서 경추(목), 흉추(가슴), 요추(허리)가 조금씩 상체를 아래로 떨어트린다. 골반과 허리 근육에 힘을 풀면서 하체로 내려온다. 허벅지, 무릎, 종아리 근육에도 힘을 풀면서 바닥으로 몸이 떨어지도록 허락한다. 몸이 완전히 바닥으로 내려가면 근육의 긴장이 완전히 이완된 상태를 확인한다. 몸의 힘을 풀 때에는 내쉬는 호흡을 연결하여 근육의 이완을 촉진한다.

❸ 몸이 바닥으로 내려가면서 물이라는 이미지를 상상해본다. 마치 내 몸이 물이 되어 흘러가는 것을 떠올려보면서 몸이 자유롭게 움직이도록 허락한다. 물이 외부 경계를 넘어서 주도적으로 계속 흘러가듯이 몸도 흘러가는 리듬을 따라갈 수 있도록 허락해준다. 바닥에서 몸이 굴러갈 수도 있고, 신체의 한 부위에서 일어나는 움직임을 부드럽게 따라갈 수도 있다. 이동하다가 장애물을 만나면 마치 물이 그러하듯이 자연스럽게 방향 전환을 하여 계속 흘러가는 것을 멈추지 않는다.

❹ 움직임이 흘러갈 때는 내쉬는 호흡을 뱉으면서 마치 물이 흘러가듯 소리(쉬이~, 슈우~, 샤아아~)를 낼 수도 있다. 호흡과 함께 좀 더 깊숙이 호흡을 내뱉으면서 좀 더 깊숙이 소리를 내어본다. 물이 흘러가듯, 눈

물이 흘러내리듯 흐르는 리듬을 밀어내거나 누르지 않고 온전히 흘려 보내도록 허락해본다.

❺ 충분히 움직였다고 감각될 때 움직임의 속도를 줄이고, 움직임이 멈출 때까지 기다려준다. 완전히 정적인 상태에 도달하면, 현재 몸에 남아 있는 호흡, 긴장, 이완감각과 함께 정서 반응을 알아차려본다.

❻ 자신의 몸으로 감각한 물이라는 이미지를 한 장의 그림으로 담아본다. 손이 가는 대로 감각의 형태나 색채가 있다면, 시각적 이미지로 표현해본다. 그림을 그린 후 이어서 자유연상 글쓰기를 해본다. '나의 물은 말한다'라는 문장을 시작으로 떠오르는 대로 한 장 정도 멈추지 않고 글쓰기를 해나간다.

❼ 그림을 바라본다. 약간의 거리를 두고 바라볼 수도 있고, 다양한 위치에서 바라볼 수도 있다. 내가 쓴 글을 읽어본다. 물의 심상과 글을 바라보면서, '내 안에 물이 있는가, 물이 있다면 그것은 어떤 물인가, 그물은 살아 있는가, 그 물은 내 삶에서 어떻게 사용될 수 있을까' 등의 질문을 해본다.

"긴장과 이완 사이를 알아차리면
뜻밖의 편안함을 느낄 수 있다."

- 매튜 존스톤 정신건강전문가

살기 위해 죽음을 선택하다

~~~~~~~~~~~~~~~~~~~~~~~~~~

탄생하는 몸

우리는 생생하게 살아 있기 위해서

몸을 움직여야 한다.

아파서, 괴로워서 걷는다

산티아고 순례길을 걷는 사람들은 이구동성 말한다. 어쩔 수 없어서 걷기 시작했다고. 찢기고, 지치고, 너덜너덜해진 마음이 너무 괴로워서 시작된 일이었다고. 어떻게 몸의 고단함이 마음을 회복시켜 주는 것일까. 처음엔 고통스러운 생각들로 비대해진 정신을 더 이상 견딜 수 없어 몸이 걷기 시작한다. 무작정 걷고 또 걷다보면 심장이 요동치고, 열감이 느껴지고, 숨이 턱 끝까지 차오르며 허벅지와 종아리 근육은 탱탱하게 부풀어 오른다.

　이렇게 무기력했던 몸의 감각기관이 서서히 깨어나기 시작하면 시끄럽고 복잡한 생각들은 어느새 전경에서 배경으로 물러난다. 피로감, 배고픔, 축축함, 열감 등으로 현재의 감각들이 살아나면 과거를 곱씹거나 미래를 걱정하는 생각들은 어느새 자취를 감춰버린다. 몸이 바빠지면서 생각이 비로소 숨 쉴 수 있게 된다. 이때 걷는 것은 비움이다. 다시 말해 생각의 비움이다. 몸을 고단하게 만든 대가를 치르고서 마음의 괴로움을 덜며 마침내 평온을 얻는다.

몸이 아파서 걷는다. 병으로 삶의 고비를 넘긴 많은 이들이 동네 산책로를 걷는다. 숨 쉬는 것처럼, 밥 먹는 것처럼, 약 먹는 것처럼 살기 위해 절박하게 걷는다.

걷는 것은 어떻게 죽어가는 몸을 살리는 것일까. 사냥이나 채집으로 살아가던 인간에게 걷는 것은 원래 먹고 살기 위한 생존의 노동이자 일상이었다. 말 그대로 살기 위해 하루에도 수십 만보를 걸었던 것이다. 걷는 것은 본래 인간에게 운동이나 취미, 혹은 건강을 위한 특별 프로그램이 아니었다. 그런데 지금은 어떤가. 디지털 문명을 살아가고 있는 현대인들은 더 이상 몸을 쓰지 않고도 충분히 생존이 가능해졌다. 손가락 하나만 사용하여 돈을 벌고, 밥이 오고, 또 무료함도 달랠 수 있다. 그러자 몸이 무기력해졌다. 몸이 무기력해지면 정신은 비대해지고, 몸과 마음의 균형도 무너지고 만다. 이제 병든 몸과 마음은 살기 위해서 걸어야 하는 운명과 마주했다.

이별과 상실 때문에 걷는다. 평소 움직이는 것을 별로 좋아하지 않았던 한 내담자는 실연의 아픔을 겪은 후 혼자서 미친 듯이 걸었다고 고백했다. 또 다른 지인은 아버지가 돌아가신 후 한동안 자기 인생에서 가장 맹렬하게 걸었다고 회상했다.

상실과 외로움은 왜 이토록 사람들을 치열하게 걷게 하는 걸까. 타인과의 연결이 끊어진 상처는 자신과 연결되는 좋은 기회가 된다.

몸이 나를 위로한다

우리는 걸으면서 나 자신과 다시 만나고 연결된다. 어쩌면 혼자 걷는 것이야말로 자기 존재를 온전하게 대면하는 가장 확실한 순간이 아닐까. 자신의 호흡, 자신의 심장박동, 자신의 근육을 오롯이 감각하며 매순간 자신의 기분이 변하는 것을 느껴보면 안다. 이것이 진짜 자신에 대한 감각이라는 것을. 그래서 혼자 걷는 것은 자신의 세계를 온전하게 경험하는 것이자 자기 자신과 친밀해지는 시간이다. 이처럼 걷는다는 것은 한동안 잊고 있었던 자기 몸으로 돌아오는 것이다. 다시, 자신의 몸으로 사는 것이다.

살아 있기 위해서 움직이다

몸이 소외되면 생각이 존재를 지배하기 시작한다. 그러면 생각은 드라마틱한 감정의 색채를 입고 더 거대한 괴물이 되어 진짜 현실을 가려버린다. 이때 우리는 현실에서 살아가기 위해 몸으로 돌아와야 하고, 생생하게 살아 있기 위해 몸을 움직여야 한다. 감정에 짓눌린 현실에서 가장 절실하게 필요한 것은 바로 몸의 움직임이다.

내게도 절박하게 몸을 움직이고 싶은 적이 있다. 삶에 대한 열망이 너무나 뜨거워서 스스로를 괴롭히던 시기였다. 그때 나는 죽을 것 같아서 몸을 움직여야만 했다. 어쩌면 살아 있고 싶어서 그랬는지도 모른다. 돌이켜보면 불안할 때, 화가 날 때, 괴로울 때, 우울할 때 몸을 움직이면서 압도적인 감정의 파도를 넘어왔던 것 같다.

무작정 정처 없이 걷거나 가파른 산을 뛰어오르기도 했고, 또 요가와 명상으로 수련하거나, 전속력으로 자전거 바퀴를 굴리기도 했다. 그 중에서 가장 강력하게 움직이는 활동은 '춤'이었다. 춤을 추는 동안 무기력한 내 몸은 깨어났고 마비된 정서도 살아났다. 춤은 나에게 정서적으로 죽어 있던 불씨를 되살리는 중요한 출구였다.

몸을 움직이는 것은 마음을 움직이는 것

내담자의 움직임을 목격한다. 몸속 가득 차오르는 압력을 느낀다. 참고 있는 호흡이 답답함으로 감각되고 있다. 불안을 뚫고 치밀어 올라오는 분노가 느껴진다. 폭발하고 싶지만 내심 폭발할까봐 두렵기도 하다. 여자의 눈에는 이미 주체할 수 없이 눈물이 새어나오고 있다. 그 눈물을 발견하면서 나는 긴장이 풀리고 안도감을 느낀다. 여자는 자신의 몸을 토닥이기 시작한다. 마치 아기를 달래듯 두 손을 포개어 가슴을 향한다. 토닥임과 함께 여자의 몸통이 조금씩 흔들리기 시작한다. 몸통이 좌우로 계속 조금 더 크게 스윙하면서 자신을 감싸 안고 있던 여자의 팔이 자연스럽게 풀어진다. 결박에서 풀려난 팔이 해방되어 움직이기 시작한다. 새의 날갯짓처럼 가볍게 떠오른다. 자유롭게 날아가기 시작하면서 여자의 눈물은 환희와 희열로 질감이 변형된다. 이렇듯 몸은 증상을 드러내기도 하지만 변형과 치유의 길잡이가 되기도 한다.

이십 대 중반의 여자는 상담실에서 늘 긴장된 모습으로 앉아 있었다. 불안장애를 겪고 있던 그녀는 말 한마디를 내뱉을 때마다 온몸에 힘이 들어가곤 했다. 그녀는 오랫동안 울 수 없었다. 사실 상담실에 오기 오래전부터 너무나 울고 싶었다. 하지만 우는 자신의 모습을 경멸스럽게 쳐다보는 자기 안의 시선이 늘 울음을 방해했다.

그런 여자가 다른 시선 앞에서 자신의 몸을 움직이자 서서히 감각의 문이 열리고 감정도 움직였다. 그리고 자신의 감정에 대해 말하기 시작했다. 자신의 감정을 불러일으킨 현실에서의 방아쇠 사건과 그 감정이 저장된 이전의 기억들까지 소환해냈다. 고통스러운 감정의 실체가 조금씩 해명의 실마리를 찾아갔다. 그날 이후, 여자는 일상에서 울고 싶을 때마다 자신의 몸을 토닥이거나 흔들면서 자신에게 울음을 허락할 수 있었다.

몸을 움직이는 것은 때론 고통의 묘약이 될 수 있다. 몸을 활성화시켜서 생각을 가라앉히는 것처럼 몸을 움직인다는 것은 마음을 움직이는 것이기도 하다. 예를 들어 자기 자신을 감싸 안고 토닥이는 것은 자신을 돌보는 행위가 될 수 있고, 자신의 팔을 펼쳐서 날갯짓을 하는 것은 자신의 주도권을 표명하는 행위이기도 하다. 또, 울음을 허락하는 것은 자신을 향한 연민과 위로를 실천하는 행위가 될 수 있다. 이렇듯 감정은 생존을 위한 목적을 갖고 드러난다. 자신의 감정을 밖으로 드러내고 누군가로부터 받아들여질 때, 그 감정은 소명을 다하며 충직한 동반자 역할을 해낸다. 따라서 고통스러운 감정이 결빙되거나 마비되지 않고, 몸을 통해 움직이고 표현된다면 나와 고통 사이에도 틈이 생기고, 마침내 고통의 결박으로부터 풀려날 수 있다.

또한 몸의 움직임에는 관능적인 즐거움도 있다. 요기, 마라토너, 자전거 라이더, 등산가, 산책자 등 일상에서 움직임을 통해 수련하고 있는 이들은 고통 뒤에 따라오는 쾌감을 잘 알 것이다. 마라토너들이 계속 달리다보면 일종의 무의식적 도취상태에 도달하는데, 이를 '러너스 하이Runner's high'라고 한다(러너스 하이는 격렬한 신체활동 뒤에 정신적 행복감을 느끼는 상태를 의미한다). 이렇듯 움직임은 고통에서 행복감으로 정서적 변환을 만들어내는 힘이 있다. 움직임의 중독적 즐거움을 맛본 사람들은 이구동성으로 말한다. 걷다보니 달리다보니 움직이다보니 자신이 달라졌다고, 삶 역시 달라졌다고.

움직임, 나를 살아 있게 하는 힘

생각에 갇힐 때면 상담실에서 걷는 내담자가 있다. 상담자가 질문을 던지면 어느 순간 남자의 몸은 얼어붙고 말이 끊긴다. 남자는 머릿속이 하얘지고, 생각의 흐름은 끊긴다. 어느 순간, 남자는 자신의 동결을 알아차리고 숨을 크게 내쉰다. 그리고 자리에서 일어나서 걷는다. 조금 더 깊게 숨을 뱉는다. 천천히 걸으면서 스트레칭을 하거나 몸통을 흔들어보기도 한다. 걷는 것은 그의 신경계와 뇌를 자극하고 깨우는 일이다. 걷다보면 어느새 몸의 긴장감이 풀리면서 굳은 표정도 풀려난다. 눈빛도 조금 편안해진다. 남자가 말을 잇는다. 생각이 다시 흘러간다.

공항장애를 겪고 있는 사십 대 초반의 남자는 일상에서도 머릿속이 하얘질 때면 일단 숨을 깊게 내쉬고, 두 발을 지면에 딛고 걸으면서 긴장감과 불안한 감정을 다룬다.

이처럼 자기 몸의 주인이 되어 움직인다는 것은 삶의 주인이 된다는 의미다. 두 발로 자기 길을 걷는다는 것은 자율성을 실천하는 행위이기도 하다. 때론 귀찮기도 하고 불안하거나 두렵더라도 세상과 맞서서 마음 내키는 대로 발걸음을 내디딜 수 있다. 이쪽으로 가거나 저쪽으로 갈 수 있고, 빠르게 가거나 느리게 갈 수도 있다. 힘차게 발을 내딛거나 조심스럽게 뒷걸음질할 수도 있다. 계속 나아가거나 언제든 멈출 수도 있다. 생각이 굳을 때마다 숨을 깊게 내쉬고 걷다 보면 자기 몸에 대한 감각뿐 아니라 자신의 감정과 생각을 바라보는 시선에도 변화가 일어난다. 외부를 바라보는 시선으로부터도 해방되어 어느덧 자기 내면의 길을 찾아갈 수 있다.

움직임은 신체활동이면서 동시에 정신활동이다. 지식은 머리가 아니라 몸으로 습득하는 것이다. 인간은 오래전부터 몸으로 공부해 왔다. 유대교 전통에서 성경을, 불교전통에서 불경을 공부할 때, 또 유교전통에서 천자문을 외울 때 학생들은 몸을 앞뒤로 혹은 좌우로 흔들었다. 자리에 앉아 있지만 마치 걷는 것과 같은 리듬으로 몸을 움직이면서 뇌를 움직였다. 니체나 칸트와 같은 철학가들도 혼자 걸으면서 사색했고 함께 걸으면서 논쟁했다. 그렇게 걷는 동안 새로운 사유의 세계를 발견했다.

프랑스의 철학자 브르통은 《걷기 예찬》에서 "걷는 사람은 모든 것을 다 받아들이고, 모든 것과 다 손잡을 수 있는 마음으로 세상의 구불구불한 길을, 그리고 자기 자신의 내면의 길을 더듬어간다"고 말했다. 이처럼 몸을 움직이면 겉을 맴돌던 생각들이 깊이 생각할 기회를 얻는다. 고여 있던 생각들이 흘러가고 경계를 넘어가 새로운 생각으로 변형되는 문턱을 넘기도 한다. 이것을 '영감'을 얻는다고 표현한다(영감inspiration은 새로운 정신spirit이 안in으로 들어온다는 의미다).

움직임은 영적인 단련이자 정신적 순례이기도 하다. 순례자란 발로 걷는 사람, 즉 나그네를 말한다. 순례길은 영성을 실천하는 길이다. 이는 육체를 통하여 신에게 드리는 기나긴 기도이다. 예수와 부처도 걸으면서 영성을 수행했다. 수많은 종교적 의례에서 손을 모으고, 고개를 숙이거나 박수를 치고, 몸을 흔들거나 돌리는 등 이 모든 움직임은 자기보다 더 큰 존재와 연결되어 있음을 느끼게 한다.

이렇듯 움직임의 정신성은 삶의 변화에 중요한 시작이 될 수 있다. 마음이 괴로울 때 한 번 걸어보면 감정과 생각이 일시적으로 전환되는 것을 느낄 수 있다. 일상에서도 지속적으로 걷다보면 삶의 변화까지 경험할 수 있다. 이처럼 마음의 변화는 몸에서 시작되고, 몸을 새롭게 길들이는 과정을 통해서 완성된다.

이전 몸이 죽고 새로운 몸이 태어나다

아무것도 할 수 없는 무력감에 빠져 있을 때, 몸이 변화의 주체가 될 수 있다. 이미 일어난 과거의 사건은 바꿀 수 없다. 타인의 마음 또한 바꿀 수 없고, 나 자신의 마음도 마음대로 되지 않는다. 이때 우리가 어떻게 해볼 수 있는 것은 현재 나의 호흡뿐이다. **변화는 호흡에서 시작된다.** 현재 나의 호흡을 더 길게 내쉬는 것만으로도 이미 변화의 첫걸음을 시작한 것이다. 일단 호흡을 내쉬면, 들숨과 날숨의 속도와 강도를 바꿀 수 있다.

자기 호흡의 주도권을 갖게 되면 자기감정의 주인이 될 수 있다. 감정에 압도되거나 사로잡히지 않고, 혹은 도망가지 않으면서 자기감정을 알아차릴 수 있기 때문이다. 일상에서도 감정의 파도가 몰아칠 때, 호흡의 리듬이 깨지는 순간마다 자신의 호흡을 다시 연결함으로써 평정심을 되찾을 수 있다.

첫 걸음은 변화의 시작이다. 그런데 삶의 변화에는 지속적인 발걸음이 필요하다. 몸을 움직이면서 감정의 변화가 시작되었다면, 삶의 변화는 몸을 새롭게 길들이는 것에서 시작된다. 삶의 변화는 체질개선과 같다. 하지만 체질개선은 하루아침에 일어나지 않는다. 일상의 결을 새롭게 만드는 일은 지속적인 몸의 움직임을 통해서 가능하다. 이런 의미에서 걷기는 정신적 체질개선을 위한 가장 효율적인 신체활동이라 할 수 있다. 중요한 것은 근육과 신경계가 길들여질 때까지 반복하는 것이다. 새로운 움직임의 습관은 쾌감의 보상체계를 향상시키는 것뿐만 아니라 불쾌감을 조절하는 뇌 부위에도 영향을 미친다. 이전 몸이 죽고 새로운 몸이 태어나는 것이다.

몸을 새롭게 길들이기 위해서는 움직임의 관능적 쾌감을 맛볼 수 있어야 한다. 고통은 몸을 움직이는 동기는 되지만, 쾌감은 움직임을 지속하는 힘이 되기 때문이다. 《움직임의 힘The joy of movement》의 저자이자 심리학자 켈리 맥고니걸은 행복은 건강보다 움직임과 더 밀접하게 연결되어 있다고 말했다.

불안도 습관이듯 즐거움도 습관이다. 작은 습관 하나가 몸의 감각이나 기분을 지속적으로 변형시킨다면 일상의 리듬도 새롭게 바꿔갈 수 있다. 자신에 대한 감각이 반복적으로 달라지면, 삶에 대한 태도 또한 달라진다. 자존감은 단지 생각으로 만들어지는 것이 아니다. 자신이 만들어낸 새로운 근육의 힘이야말로 진정한 자존감의 실체가 될 수 있다.

몸챙김 연습

춤추듯 걸어보기

걷는 리듬이 바뀌면
삶의 리듬도 바뀐다.

삶의 변화는 걷는 것만으로도 충분하다. 자신을 통찰하고 삶을 변화시킬 어떤 방법이 필요하다면, 가장 일상적이고 단순한 신체활동인 걷기에서 시작해볼 수 있다. 누구나 걷는다. 걷다보면 갇혀 있던 정서가 새롭게 환기되고, 막혀 있던 생각의 길이 열리기도 한다. 이때 걷는 것은 신체활동인 동시에 정신활동을 촉진하는 일이다. 문제는 어떻게 걷는가에 있다. 우리는 대부분 습관적으로, 그리고 무의식적으로 걷는다. 하지만 자신의 걸음에 자율성을 갖지 못하고, 기계처럼 기능적으로만 걷는다면 걸음도, 감정도, 생각도, 삶도 아무것도 달라지지 않는다. 걷는 습관이 그렇듯 삶의 습관도 그저 반복될 뿐이다.

걸음에 자율성을 갖는다는 것은 자기걸음을 알아차리는 것에서 시작될 수 있다. 매순간 자신의 걸음을 알아차리는 것은 몸으로부터 마음을 연결하는 일이기도 하다. 현재 자신의 걸음걸이를 자각하고, 그 걸음을 주도적으로 선택해보는 것은 마음챙김mindfulness의 실천이기도 하다. 이때 걸음은 자신의 마음을 알아차리는 몸의 좌표가 될 뿐만 아니라 또 다른 몸의 표현방식이 될 수 있다. 이처럼 마음을 알아차리고 돌보기 위해서는 마음이 살고 있는 몸으로 돌아올 수 있어야 한다.

자신의 걸음으로 새로운 몸의 일상을 만들 수 있다면, 자신의 감정습관과 생각습관에도 변화가 일어날 수 있다. 이것은 낡은 습관을 깨고, 새로운 일상 습관을 창조하는 일로 연결된다. 자기걸음의 리듬을 찾고, 그 리듬을 바꿔보면 새로운 표현이 일어나고, 기분이 달라지며 새로운 생각이 열린다. 걸음의 리듬은 보폭, 속도, 무게감, 방향성 등에 따라서 무궁무진하게 확장될 수 있다. 이 리듬이야말로 춤의 가장 자연스런 발로이다. 이제 발걸음의 자율성이 무엇인지, 걷는 리듬이 어떻게 춤이 될 수 있는지를 경험해보자.

1. 발걸음의 자율성 :
걷는 리듬walking rhythms

❶ 먼저 충분히 자유롭게 걸을 수 있는 물리적인 공간과 외부로부터 방해받지 않을 수 있는 개인 공간을 확보한다. 두 발을 바닥에 딛고 서서 시작한다.

❷ 자연스럽게 걷기 시작해본다. 걸으면서 자신의 걷는 리듬을 감각해본다. 걸음의 속도는 편안한지, 보폭은 괜찮은지, 무게감은 적당한지, 방향은 자유로운지 자각해본다. 걸으면서 자신의 호흡도 느껴보고, 발바닥이 바닥에 접지되는 감각도 알아차려본다.

❸ 이번에는 걸음의 보폭을 가지고 놀아본다. 보폭의 크기를 작게 혹은 크게 바꿔본다. 보폭에 따라서 달라지는 리듬을 만끽해본다. 보폭을 아주 작게 줄였을 때, 중간 보폭일 때, 가장 편안한 보폭일 때, 혹은 최대한 크게 늘렸을 때 감각이 어떻게 달라지는지 자각해본다. 걸음 보폭에 따라서 호흡은 어떻게 바뀌는지, 근육의 긴장감은 어떻게 달라지는지, 감정 느낌이 어떻게 변화되는지도 알아차린다.

❹ 이번에는 보폭과 함께 걸음의 속도를 가지고 놀아본다. 속도를 점점 더 빠르게 혹은 점점 더 느리게, 최대한 빠르게, 최대한 느리게 등

몸챙김 연습

속도의 다양한 스펙트럼을 조절해본다. 마치 자동차의 엑셀과 브레이크를 조절하듯 속도의 대극을 오고 가면서 그 차이를 감각해본다. 다양한 속도에 따라서 달라지는 리듬을 만끽해본다. 언제든 주도적으로 멈추는 것을 시도해본다. 멈췄을 때 호흡이나 근육에서 공명하는 몸의 반응을 감각해본다. 걸음의 속도에 따라서 각성과 이완상태, 호흡, 긴장감이 어떻게 달라지는지, 그리고 기분이 어떻게 따라가는지 세심하게 관찰해본다.

❺ 이번에는 걸음의 무게감을 가지고 놀아본다. 걸을 때 발바닥에 힘을 실어서 무겁게 혹은 힘을 빼고 최대한 가볍게도 걸어본다. 꾸욱꾸욱, 살금살금, 쿵쾅쿵쾅 마치 발바닥에 물감을 칠하고 풋 프린팅을 하는 아이처럼 발의 압력에 따라서 달라지는 풋 프린팅의 이미지를 상상하며 다양한 리듬을 충분히 만끽해본다. 무게감을 조절해나가면서 보폭과 속도를 연결해본다. 큰 보폭으로 느리게, 무겁게 걸어볼 수도 있고, 작은 보폭으로 빠르게, 가볍게 걸어볼 수도 있다. 무게감에 따라서 호흡, 근육상태, 각성과 이완상태, 감정 등이 어떻게 달라지는지 세밀하게 감각해본다.

❻ 이번에는 걸음의 방향을 가지고 놀아본다. 전진하면서 오른쪽으로 혹은 왼쪽으로 방향전환을 할 수 있고, 후진하면서도 방향전환을 해볼 수 있다. 또한 옆으로도 걸어볼 수 있고, 직선으로 혹은 곡선으로 방

향전환을 부드럽게 혹은 급격하게 시도해볼 수 있다. 방향성에 따라서 달라지는 다양한 리듬을 충분히 만끽해본다. 걸음의 방향에 따라서 내적 감각과 감정이 어떻게 달라지는지 세심하게 귀기울여본다.

❼ 마지막으로 걸음의 리듬을 만드는 모든 요소들로부터 자유롭게 걸어본다. 발걸음이 가는대로, 보폭이 가는대로, 속도가 가는대로, 무게가 실리는 대로 자유롭게 갈 수 있도록 허락해본다. 발이 발의 리듬을 따라서 자유롭게 리듬을 탈 수 있도록 허용하고, 이 경험을 충분히 만끽해본다.

❽ 충분히 걸었다고 감각될 때 걸음의 속도를 줄이고, 걸음이 멈출 때까지 기다려준다. 완전히 정적인 상태에 도달하면, 현재 몸에 남아 있는 감각에 세밀하게 관찰해본다. 호흡은 어떤지, 근육의 긴장과 이완상태는 어떤지, 발바닥의 감각은 어떤지, 감정 느낌은 어떤지 알아차린다.

2. 춤추는 발걸음 :
발의 춤feet dance

❶ 걸으면서 듣고 싶은 좋아하는 음악을 하나 준비하고, 외부로부터 방해받지 않을 수 있는 개인 공간을 확보한다. 두 발을 바닥에 딛고 서서 시작한다.

몸챙김 연습

❷ 음악을 틀고 걷기 시작한다. 걸으면서 음악의 리듬을 감각해본다. 발이 음악의 리듬을 탈 수 있도록 음악의 리듬을 발에 실어본다. 모든 움직임의 시작이 발에서부터 일어날 수 있도록 발이 주인이 되어 발의 춤을 허락해준다.

❸ 음악을 해석하고 표현하는 것이 의식의 사고과정이 아니라 발의 충동이 될 수 있도록 허용하고, 발의 충동을 따라가본다. 발의 리듬 즉 보폭, 속도, 무게감. 방향 등을 마음껏 표현하도록 발에게 온전히 주도권을 준다. 발의 리듬은 음악의 리듬을 변형해서 표현할 수 있다. 음악의 템포를 2배속으로 늘려서 걸어볼 수 있고, 1.5배 더 무겁게 걸어볼 수도 있다. 보폭을 줄여서 종종걸음으로도 걸어볼 수도 있다.

❹ 발이 '발의 춤feet dance'을 출 수 있도록 발의 자율성을 따라서 자신에게 가장 편안한 발의 리듬을 탐색해본다. 발의 속도는 편안한지, 보폭은 괜찮은지, 무게감은 적당한지, 방향은 자유로운지에 대해 자각해본다. 그리고 리듬의 다양한 스펙트럼을 탐색하면서 발에게 가장 적절한 리듬을 찾아본다.

❺ 발의 춤이 충분하다고 감각될 때 발걸음의 속도를 줄이고, 발걸음이 멈출 때까지 기다려준다. 완전히 정적인 상태에 도달하면, 고요함 속에서 몸의 공명과 현재 몸에 남아 있는 감각에 세밀하게 관찰해본

다. 호흡은 어떤지, 근육의 긴장과 이완상태는 어떤지, 발바닥의 감각
은 어떤지, 감정 느낌은 어떤지 알아차린다.

❻ 움직이면서 경험한 발의 감각을 색, 선, 형태의 시각적 이미지로 표
현해본다. 그리고 '나의 발은 말한다'로 시작하는 한 장의 자유연상 글
쓰기를 해본다. 그림을 바라보고 글을 읽어보면서 나의 발이 전하는
메시지를 생각해본다.

몸이 나를 위로한다

"행복은 건강한 상태가 아니라
움직임과 밀접하게 연결되어 있다."

- 켈리 맥고니걸 심리학자

몸이 나를 위로한다

초판 1쇄 발행 2021년 10월 15일
초판 3쇄 발행 2023년 09월 24일

지은이 | 남희경

펴낸이 | 성미옥
펴낸곳 | 생각속의집

출판등록 2010년 5월 18일 제300-2010-66호
주소 | 서울시 종로구 혜화동 53-9, 1층
전화 | (02)318-6818 팩스 | (02)318-6613

전자우편 | houseinmind@gmail.com
블로그 | naver.com/houseinmind
페이스북 | facebook.com/healingcafe
인스타그램 | instagram.com/houseinmind

ISBN 979-11-86118-55-9 03180